地域と企業の発展が私たちの願いです

そうか、こんな
経営コンサルタント会社
もあるんだ

アルマ経営研究所・編

吉備人出版

プロローグ

日本にはいったいいくつの会社があるのだろうか。

中小企業庁がまとめた数字によると、全国に事業所は386万社。そのうち、中小企業・小規模事業者は約385万社あり、企業全体に占める割合は99・7%。

また、小規模事業者と呼ばれるものは約334万社で、企業全体の86・5%にのぼる（2012年2月＝経済産業省中小企業庁調査）。

こうした数字をみると、日本の産業、そして雇用を支えているのは、地方の、しかも中小企業だということもできる。

しかし、この日本経済を支えている中小企業・小規模事業者の数は、1986年以降長期にわたって減少傾向にあり、「厳しい状況を踏まえ、企業数の減少を食い止め、反転させることを目指し、経済産業省では、中小企業・小規模事業者の支援に全力で取り組んでまいります」と、国を挙げてその支援に取り組んでいる。

【資料】中小企業・小規模事業者の数

中小企業実態基本調査　集計結果（速報値）

	2009年（企業全体に占める割合）	2012年（企業全体に占める割合）	増減数（率）
中小企業・小規模事業者（全産業）	420万者（99・7％）	385万者（99・7％）	▲35万者（▲8・3％）
うち小規模事業者（全産業）	366万者（87・0％）	334万者（86・5％）	▲32万者（▲8・8％）
全規模（大企業と中小企業・小規模事業者の合計、全産業）	421万者	386万者	▲35万者（▲8・3％）

※今回、公表する企業数は、2012年2月時点のものです。

岡山県に目を移してみると、事業所数は約6万社といわれ、岡山も全国と同様に、産業の要になっているのは、中小企業である。

しかし、その事業所数も減少傾向にあり、その理由の多くが「売り上げの不振」とともに「後継者がいない」ことだという。

このように後継者の不足をはじめ、海外進出を含めたグローバル化への対応、有能な新入社員の確保、ＩＴ化への対応、デザイン力のアップやブランディングなど、地方の中小企業には、多様な悩み、課題がある。

こうした経営上の課題、問題をどのように解決し、将来に向け事業を継続するのか、業種や規模の大小を問わず、頭を抱える経営者は多い。

本書は、地方の主に中小企業を支え、その発展を願い、一緒に汗を流していこうという経営コンサルタント事務所のリアルな仕事の姿と30年のあゆみをまとめたものである。

地域と企業の発展が私たちの願いです ◎ 目次

プロローグ

第一章　地域と企業の発展が私たちの願いです

第二章　中小企業支援機関とともに

第五章　自立と協働――アルマ経営研究所の未来

第一章

地域と企業の発展が私たちの願いです

コンサルタントの仕事って何？

コンサルタントとは元来英語のconsult＝「相談する」を語源としている。「相談される人」がコンサルタントで、相談活動をコンサルティング、そして相談活動を業とする会社（事務所）がコンサルティングファームだ。

経営コンサルティングは、企業経営に関する問題を調査し、解決策を勧告し、必要に応じてその解決策の実践を援助することである。

そして、このコンサルティングには大きく二つのフェーズに区分される。

一つ目は問題を調査し、解決策を勧告すること。

二つ目は解決策の実践を援助すること。

かつては一般の企業にとってコンサルタントは特別な存在で、例えば、10年に一度の大きな戦略転換や巨大企業との合併、特別なプロジェクトにも関わる業務を依頼する相手というイメージが強かった。しかも、アルマ経営研究所のある岡山のような地方都市の企業にとって、コンサルタントは縁遠い存在だったといえるだろう。

しかし、最近ではクライアントである企業は気軽にコンサルタントに仕事を依頼するようになってきたようだ。

地方の中小企業でも、いや地方の中小企業だからこそコンサルタントの力を活用することが、自社の課題の解決を図る一つの道なのだ。

「何か特別な事態が発生した時だけ依頼するのではなく、日常的な健康管理の相談相手として傍らにいてスポーツのコーチのように相談相手になる、そのような存在としてとらえる傾向が強くなっているように感じます」

――アルマ経営研究所の前代表で、現在はチーフコンサルタントとして活動する額田信一は、話す。

かつては5人のコンサルタントが3カ月、一つのプロジェクトに入って一気に進めるといった形が主流だったが、最近では加えて月に一度、定期的にクライアントを訪問してアドバイスするといった形も増えている。

「企業サイドからみればなるべく低いコストでコンサルタントが持つ機能を有効に活用したいという思いがあるのでしょう」と分析する。

かつては「相談」から出発したコンサルティング会社の役割が時代とともに大きく変化しているのだ。

岡山市北区、岡山駅から徒歩で5分程度、市役所に向かう大きな通りに面した9階建てのビルの7階にアルマ経営研究所の事務所がある。西日本最大級のショッピングモールが、すぐ北側に

月曜日の定例ミーティング

その巨大な姿を見せるオフィス街の一角だ。

毎週月曜日、午前9時半には、アルマ経営研究所の所属メンバーが顔を揃える。総勢17人。週に一度の定例ミーティング。この週はじめのミーティング以外、メンバー全員が顔を合わせることはほとんどない。

定例ミーティングでは、事務所としての報告事項が伝えられ、各自が抱えている案件の簡単な報告が行われる。このほか、時には外部の講師を招いての勉強会なども行われることがある。

現在のアルマ経営研究所を引っ張るのは、谷行治だ。平成27（2015）年6月に前任の額田信一から引き継いだ。2015年で設立から30年を数え、地元企業のさまざまな問題の克服、課題の解決に携わり、企業、事業者からはもちろん、企業を支援する立場にある団体や金融機関からも厚い信頼を得ている。

アルマ経営研究所のあゆみについては、別の章で詳しく紹介するが、中小企業診断士やＩＴ部門の専門家などさまざまな分野、業種に精通したコンサルタントが所属し、チームとしてクライアントの要望に応えるというスタイルは、この30年の歴史によって培われたものだ。

事務所の書棚には多数の資料が並ぶ

地域に根ざした総合商社……田中実業（新見市）

シニアコンサルタントの中原富二雄は、岡山県北西部の新見市に本社を置く田中実業の経営戦略の策定にかかわっている。

田中実業は、新見、岡山、津山、真庭地区で地域に根ざしたエネルギー事業を幅広く展開している。石油製品やLPガスの卸・小売り、ガソリンスタンドの運営をはじめ、近年では住宅設備、リフォーム事業、自動車関連販売など幅広く事業を展開している。県内で約4万件の顧客を持つ。

同社は昭和6年に小野田セメントの新見工場操業に伴うセメントの販売会社として設立。しかし、拠点としている新見市は、中国山地の人口約3万1000人の町で、高齢化と人口減少により、経済活動は活発とはいえない。また、ガソリンスタンド経営など石油関連商品も、かつてのような独占的な営業形態ができなくなり、社長の田中康信が3代目社長を引き継いだ時は、赤字経営の立て直しが最重要課題だった。

社長に就任した田中康信は、就任当時は29歳と若く、自分より年下の社員が3、4人しかいないという状況だった。会社の業績も芳しくなく、債務超過が続いている中での就任。「会社をなんとかして変えていかなければ」という思いが強くあった。

しかし、社長よりもキャリアが上の社員が大勢いる中で、変化をつくろうと働きかけていくのは難しい。不採算のガソリンスタンドを閉店し、かつて18店舗あった直営店を3店舗まで縮小するなど、大胆なリストラや改善を進めた結果、なんとか赤字からは脱却できたが、一方で社内の一体感が薄れてしまった。大鉈を振るい会社を変えようという田中社長の気持ちに、社員たちがついてきてくれない。

この状況をどうにかしたいと考えた田中社長は、アルマ経営研究所の中原にコンサルティングを依頼した。

田中実業・田中康信社長（左）と中原

中原の助言のもとにスタートした最初のプロジェクトは「グループ間連携強化」。新見市内にある田中実業、新見レミコン、新見電装設計の3社の連携強化を図るためのものだった。

以前は景気が良く業界環境も良かったため、3社がそれぞれに独立して経営していたが、人口減少や景気後退などで次第に経営が厳しくなると、新見市内の3社がお互いに協力していく必要に迫られた。グループ企業でありながら人や情報の行き来が減ってしまっていたこともあり、新たに3社の連携を強化するにあたって、中原の協力を仰いだのだった。
その結果、現在ではグループ各社から人手を募り地域のお祭りにゴミ箱の設置や清掃を行ったり、グループ間で飲み会や旅行を企画するなど交流が増えてきている。

そして、2つ目に実施したプロジェクトが「20年後のビジョンを考える」というもの。社内には大きく3つの部門があり、また営業所も新見、岡山、津山、真庭と4つの営業所があるが、これまではそれぞれに独立採算制で営業していた。化石燃料の競争が激化してからはすべての部門で売り上げが減少傾向にあったため、それぞれの部門で取り扱い商品に限らず新たな商品やサービスを模索してきたが、なかなか成果が得られず、また部門間、営業所間の連携も十分とはいえず、トップダウンでの改革に限界を感じていた。

そこで、新たなプロジェクトでは、全ての部門、すべての営業所から若手を中心に参加してもらい、若い社員たちの視点で田中実業のあるべき姿を描いてもらった。それをもとに経営理念や方針を定め、新たな商品やサービスを模索し、社内の活性化に向けた意見を出し合った。

田中実業でのプロジェクト。若手社員の発表を見守る中原(後列左)

中原のアドバイスによって、まずは社長自身がどうしていきたいのか、そのビジョンを形にして伝えることの大切さと難しさを実感したという。

「アドバイスの一つひとつは、言われてみればごく簡単なことなのですが、自分ひとりでは絶対に思いつかないものばかりです。そんなことにコンサルタントを使うの？　と言われるかもしれないですが、そういう基本の中にこそ大切なものが隠れていると思います。地道な作業の積み重ねが、スムーズなコミュニケーションのための土台をつくってくれました」

その後も継続的にコンサルティングを実施し、定期的に社員研修・勉強会を開催しながら社内の活性化を進めていった。１年間の契約で開始したコンサルティング活動は大きな手応えを残し、２０１５年７月に予定通り終了した。

中原の「WINメソッド」

シニアコンサルタントの中原富二雄は、企業をよみがえらせる秘密兵器を持っている。田中実業の経営戦略策定のプログラムでも活用している「ＷＩＮメソッド」という手法がそれ。シールになっている特注のカードを使って、会議で出た意見をどんどん書き込み、整理しまとめる。たったそれだけのことなのだが、中原がリードすると、それが課題の解決、問題点の改善につながっていく。

「『こんな会社にしよう』といったときに、具体的に『どんな会社か』をこのカードに書くわけです。順番にやっていくと、いろんな意見が出て。もちろん社長はたくさん意見を持っていますが、社員に先に出させます。社員が意見を出すと、社長がまとめる係になって、社員は、自分の意見を社長が賛成してくれたのだな、ということがわかるわけです。そうやって内容を理解しておくと、いざ〝やりましょう〟となったとき社員が率先してやってくれるようになる。コミュニケーションがうまくいく。社内でなにかやろうと決めたら、誰がいつまでにやるとか具体的なところまで、みんなに担当が決まっていく。問題点の改善なら、社員が自分たちから問題点を出せば、改善しやすい。このカードを使い、この手順で進めると、意見を出せるようになったり、伝わる書き方ができるようになったり。伝わらないとすぐ質問が飛んできて、お互いに説明するから、終わった時にはしっかり内容を理解できているわけです」

中原は事もなげにいうが、それを積み重ねて一年くらいやるとかなりレベルアップするという。

中原は地元岡山大学工学部で学び、卒業後は石垣機工の電算室でシステム管理部門のエンジニアをしていた。仕事の延長線上で中小企業診断士の試験に挑戦し、無事に資格取得を果たしたが、その後しばらくして診断士資格とは無関係な部署に異動になったため、退社を決意。知り合いのコンサルタント会社に籍をおいた。平成３（１９９１）年のことだ。

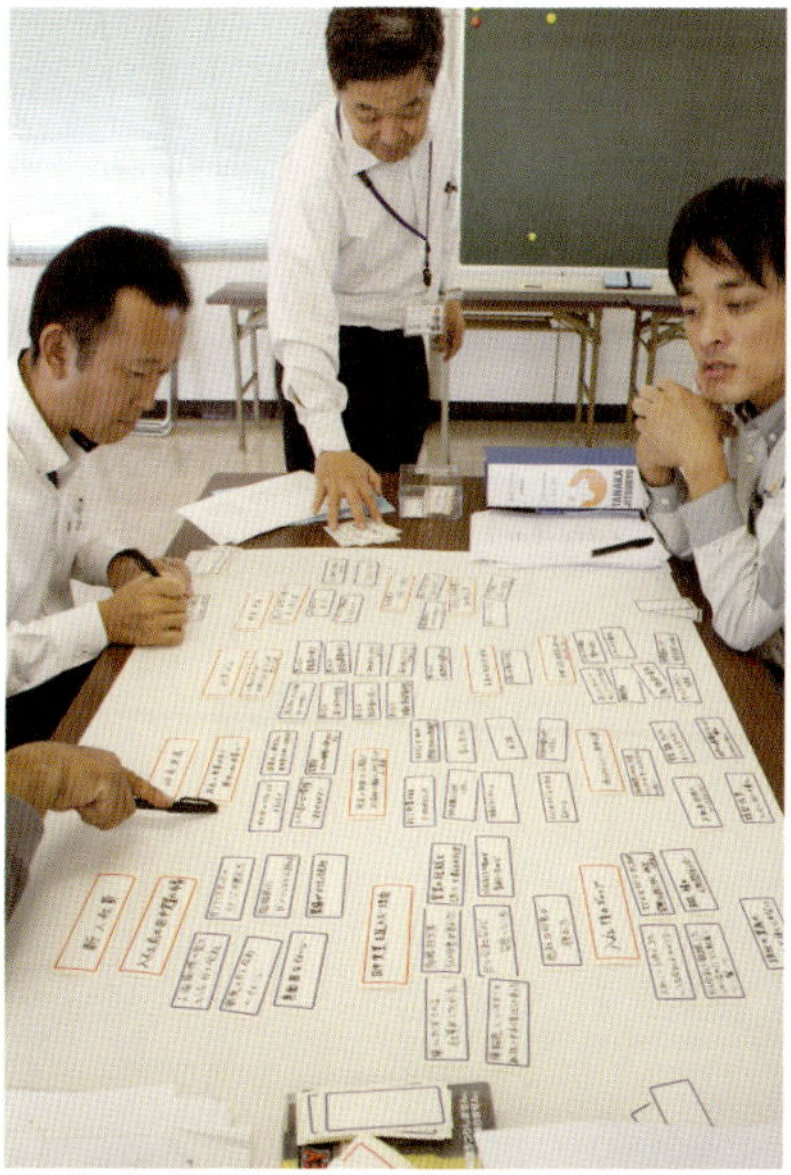

WIN メソッドを使った
プロジェクト会議

シニアコンサルタントの中原富二雄

平成16（2004）年までコンサルタントとしての経験を重ね、独立。一方では、平成4（1992）年からアルマ経営研究所の仕事にも関わってきていた。

「営業があまりできないので、アルマに何かないかな、と顔を出していました。ちょうどアルマのCIをやるころには、どっぷりアルマのお世話になっていて、CIの会議にも出席していました。当時の社長の原田林長さんはわりと鷹揚なタイプなのですが、蓮室（光雄）さんは『どっちをメインにするの？』と気にされていましたね。アルマでやるのならいろいろ支援もするよと言っていただいたので、そこからアルマをメインに活動し始めたというわけです」

ひょうひょうとした話し振り、肩の力が入っていない物腰だが、田中社長をはじめ経営者からの信頼は厚い。

一人ひとりの成長が会社の原動力

２０１４年10月15日、額田信一は鳥取市の中心部にある鳥取市民会館会議室で、セミナーの講師を務めていた。セミナーを主催するのは、綜合印刷出版株式会社。アルマ経営研究所のクライアントで、２０１２年から営業力強化の課題解決に向けて毎月訪問している。

この日は、地元鳥取の企業経営者や後継者、幹部社員を対象にした「社員が変わり、ビジネスに効く企業出版セミナー」の2回目だった。会場には6、７人のグループがテーブルを囲んでいる。簡単な自己紹介をしながら、参加者の雰囲気を和らげ、セミナーの本題に入っていった。

「同じ手法を使っても成功する会社と失敗する会社があります。例えば、社長がトイレ掃除をして業績が伸びた会社があり、それを参考にと率先してトイレ掃除をした社長さんがいたのですが、あるとき1週間出張で会社を空けて帰ってみると、新入社員が『社長、トイレが汚れていますけどぉ』と言ってきたというんです。何も伝えずに、表面的な手法だけ真似ても上手くいかないことも多いですね。たいせつなのは、業績の伸びた会社が、なぜ社長がトイレ掃除をするようになったのか、そこを知る必要があります。他社が良い手法を生んだプロセスを真似ることが、自社に適した、自社独自の手法を生むことにつながるのです」

表面的な部分だけを取り入れる「ハウツー思考」では限界があり、なぜそれが必要で経営の改善につながるのか、「応用が利くプロセス思考」の重要性を説いた。

では、望ましい組織とはどのようなものなのか。

社長が勉強会などで知り得た表面的なところだけ真似ても、組織としては上手くいかないことが多いのだと説く。額田はここで、「組織」とは何か？　という一枚のシートを教材に、参加者一人ひとりが考える時間をつくった。さまざまな「人の集まり」の例を挙げ、それぞれが組織なのか、非組織なのかを考える——。

サッカーチームの選手は？　同窓会の会員は？　改めて問われても、すぐに答えは見つからない。一通り記入が終わると、グループでの話し合いに移っていった。

参加者が自ら考え、その考えを同じテーブルの他の参加者と話し合いをする。意見が食い違った場合は、なぜ違うのかを議論させる。気がつけば、参加者たちは自然にセミナーの中に入っている。一方通行に講師の話を聴かせるのではなく、参加者が自分の頭で考える、その場で何かを発見、つかむことを重視する——それが額田のセミナーの進め方だ。

「目的と目標は違うのです。目的は、なぜそれをするのか？　という問いに対する答え、目標は、何をいつまでに、どの程度までやるか？　という一里塚。同じ仕事でも、目的によってやり方は変わってくる」

「協働の意思」「意思の疎通」……参加者、特に若い経営者は額田の言葉一つひとつを少しも聴き逃さぬよう耳を傾けている。

参加者をどんどん引きつけていく額田のセミナー（鳥取・綜合印刷出版のセミナーで）

組織を動かしたい。共通の目的、協働の意思、意思の疎通をはかった組織を動かしたい。

額田は鯨と秋刀魚の話をはじめた。

「鯨が方向転換しようと、大きく回る。秋刀魚は小さいが鯨と同じくらいの群を想像してみましょう。方向転換する場合、どちらが速くできるでしょうか？　大きく曲がる鯨に比べ、秋刀魚は直角に曲がることができます。社員が自発的に働く組織はこういった姿をイメージできるのではないでしょうか……」

このように、社員の自主性を促し、一人ひとりの成長が会社の原動力になることを強調。そのためには経営者自身が理念を掲げ、経営者の意図、言いたいことを言葉や文字に表現し続けることの大切さを説いた。

セミナーの最後には、経営者にとっては自らの価値観や人生観を企業経営に生かし、目先の利益

参加者に「組織」について考えてもらった（鳥取・綜合印刷出版のセミナーで）

を超えて長期的な課題や挑戦的な事業に取り組める、中間管理職にとってはやる気次第で活躍の場が広がる、そして一般社員にとっては「歯車」ではなく「全体感」のある仕事に携わることができやりがいも大きい――この中小企業の3つの魅力を紹介し、「強くなければ生きていけない、しかし、優しくなれなければ生きている価値が無い」というレイモンド・チャンドラー『プレイバック』の主人公フィリップ・マーロウの有名なセリフで締めくくった。

企業は人なり……綜合印刷出版（鳥取市）

セミナーは、綜合印刷出版の主催で開催されたが、同社は先代の植木聡社長から長女の田村仁美社長に経営をバトンタッチしたばかり。数年前から売り上げの低迷が課題となり、地元金融機関の紹介で、アルマ経営研究所のアドバイスを受けるようになった。

「初めて額田氏に会ったが、その表情から伝わる温和な雰囲気と、中小企業家同友会の大先輩であるということから、他の人ではなく、この人に相談したいと思った。〈人を生かす経営〉をしながら〈結果を出す経営〉とは、どんなものか、教えてもらいたかった」と振り返る田村社長。

こうした地元の若手経営者を集めて、経営の勉強会をすることでコミュニケーションとつながりを強める狙いがあるという。また、受注型の営業スタイルから出版部門を生かした提案型の営業スタイルの取り組みも進めている。

綜合印刷出版・田村仁美社長の話

売り上げが低迷しており、営業マンを叱咤激励するも、なかなか回復せず。営業マンを一斉指導しなければ、結果も変わるまいと、前の社長から私に営業研修をするように指示されました。それを受け、私は２０１１年（平成23年）秋頃、メインバンクである鳥取銀行産業会館支店の、当社担当の森田支店長に相談しました。

支店長からは、商工会議所の制度を使ったら、３度無料でコンサルティングが受けられますよとアドバイスをもらいました。紹介してもらったのが、アルマ経営研究所でした。

その時点では、当社担当が額田氏であることは、決定していなかったようですが、たまたま私が中小企業家同友会の理事会に出席していたところ、提出されていた例会案に額田氏の名前が報告者（いわゆる講師）として挙がっており、非常に親近感をもったことを覚えています。

10月12日、中小企業家同友会の例会に報告者として来鳥した際、当社へ初訪問してくれました。中小企業家同友会の例会での報告がなければ、来社されたコンサルタントは、別の人だったかもしれませんから、縁があったのかもしれません。

その後、11月4日、11月18日と、額田氏と面談を重ね、問題点を整理しました。

それを受けて、11月25日、「営業力強化支援コンサルティング」の提案をもらいました。

コンサルティングは、原則月に１回訪問してもらいました。内容は次のようなものでした。

１年目（２０１２年　平成24年）

1月～営業活動計画、営業ツール作成、営業会議の仕方
9月～上記に加え、社長打ち合わせ、品質向上研究会にて若手の問題解決力育成

2年目（2013年　平成25年）

1月～営業会議、品質会議、商談のロールプレイング、個人面談

3年目（2014年　平成26年）

1月～営業研修、品質向上研究会、個人面談、
7月～創立記念式典にて、全社員
11月～経営会議に出席

経験主義でやる気を阻害していた古参社員

こうして営業強化のための学習、研修を積んできたが、同社の実際の営業活動にはもう一つ壁があった。それは、先代の社長時代から営業部をリードしてきたベテラン社員Aさんの存在だった。

いわゆるたたき上げの営業マンであるAさんは、アルマ経営研究所の研修で学んだ営業活動方

針に対して、素直に受け入れることができなかった。

例えば、「計画を立てて営業活動をしよう」と、当たり前のような行動目標に対しても、「印刷会社の営業は、そんな計画を立てて売りにいくようなことはできない」という発言、姿勢で、ほかの営業社員を巻き込んでその活動の足を引っ張ってしまう形になっていた。

田村社長は振り返る。


1年目は、行き当たりばったりの営業方式から、仕掛ける営業方式へということで、年間営業計画を立て、それに沿って営業ツールを作成することにしました。営業会議も、それらについて話し合う会議に変えるよう指導してもらい、実践しようとすると、A氏は、「そんなことしてもムダ」「印刷会社の営業は、そんなもんじゃない」「業界を知らない人が営業指導なんてできない」と、折に触れては、コンサルタントの存在、営業マン指導、営業会議改革に否定的な発言を繰り返すのです。

また、「営業会議は、他の課の不備な点について意見交換するもの」「良いものが出来れば自ずと売れる。売れないのは現場の品質が不十分だから」という認識が強く、社内で起こったトラブルについて雄弁に喋りだし、それをきっかけに2時間程の営業会議の大半が、社内トラブルについての非建設的な意見交換の場になることも、しばしばありました。

1年目は、そのような逆風の中で、なんとか名刺についてのパンフレットのみ完成するこ

社長を引き継ぎ改革を進める田村仁美社長

とができました。ただし、それを実際に配布して、売り上げ実績につなげた、という例は1つも生まれませんでした。その他の、「パンフレット作成をすすめるパンフレット」「会報作成をすすめるパンフレット」は、完成しないまま、1年を終えました。

2年目に入り、田村社長をはじめ綜合印刷出版側の意向もあり、額田は年度の中ごろから、月に一度実施する研修のプログラムを変えた。

【プログラム内容】

11：00～12：00　営業研修　　窓口業務の総務も参加させた（小テストあり）

12：50～14：50　品質向上研究会　課長候補生の育成　問題解決手法・方針策定を学ぶ

15：00～17：30　個別戦略ミーティング　各営

業30分ずつ個別ミーティング

17：30〜21：00　経営改善ミーティング

計画立った営業活動ができない男性陣には見切りをつけて、気が利く女性を営業に起用してはどうかという話が持ち上がる。その候補が、総務にいた。そのこともあり、営業の基礎研修を、「総務も窓口対応をするという点で、営業と同じ」と言い訳をつけ、営業・総務混合チームで、営業研修を実施した。営業の基本が載っている本を人数分購入し、毎回小テストも実施した。前向きで勉強好きな若い女性が2人参加したことで、営業研修の雰囲気がぐんと良くなった。そのことにより、A氏の後ろ向き加減が際立ってきたという。

それまで、A氏が否定的な意見を営業会議で発言すると、どこか共感するところが参加者の頭をよぎり、A氏の発言がもっともらしく聞こえ、ひきずられるところがあった。しかし、熱心に基本を学ぼうとする無垢な若い女性2人が、輪の中に入ることにより、A氏は「勉強しようとしない、ただの成績の悪い人」という印象になっていった。

また、個別戦略ミーティングを実施することで、A氏の発言を、他の営業マンの耳に入れないようにした。このことで、各自、自分の問題と向き合い、額田氏からのアドバイスを直接受けるという関係が築けたという。

また、当時専務だった田村社長にとっては、経営計画の指導をしてもらったことにより、20

13年9月の社長交代が、比較的スムーズにいったことも成果のひとつであった。

特に経営面で、「コスト削減、利益拡大の必要性を、しっかり把握することができました。組織的な前進など大きな変化はない年でしたが、この年なしに、3年目の変化はなかったと思うと、重要な年であったと実感しています」と田村は手応えを感じた年になったようだ。

3年目は、再び営業改革を推進した

大きな変化を遂げた3年目を迎えた。

1月　紙の展示会を開催　300人集客　(平和紙業　協力)

2月　企業出版セミナー開催　20人集客　(吉備人出版　協力)

11月　企業出版セミナー②開催　25人集客　(アルマ経営研究所　協力)

そうして、3年目の3月、ベテランのA氏が退職。このことにより営業課の雰囲気が明るくなり、営業課の団結力が高まったという。また、売り上げをどうにか上げていこうという気運も高まった。売り上げが落ちた要因を分析し、対策しよう、できなければ新規開拓に行こうという話が、社員から出るようになった。

この年(2014年)7月の創立記念式典では、売り上げ目標達成のための具体策が出てきた。8

月、総務の女性が営業課へ転身した。フレッシュな営業活動が周囲の雰囲気を変えるようになった。

田村仁美社長は、この数年間協力を仰いでいるアルマ経営研究所との連携で気づいたこと、発見したことを次のように話す。

一足飛びに変化は起きません。一つ一つ積み上げることでしか、到達したい所には辿り着けないのです。うわべの事象（例えば、営業マンの行動）を取り繕おうと思っても、根本から変えないとなかなか結果は伴いません。経営理念、方針、計画がきちんとあって、それを叶えるための仕組み、教育がないと、うまくいきません。作戦会議をしようと思ったら、計画立てて、行動することから。行動して初めて、計画が良かったかどうかわかり、そこから、どんな作戦にしていくか、思考や議論が深まっていきます。まずは、何をするか決めて、行動するところから。行動しないうちから、問答しても、何も深まりません。会議を良い会議にしようと思ったら、各自充実した報告や提案をすれば良いのです。そのためには、やはり、まずは何をするか決めて行動してみないと、いつまでも机上の空論か、愚痴か、言い訳ばかりになります。売り上げ数字としては、まだ、ぐんと上がるところまできていませんが、伸びる土台は築いてきたと、手応えを感じています。4年目で、しっかりPDCAの体質を身に付け、他社よりチャレンジできる部隊にしていきたいと思っています。

共に育つ……ダイヤ工業・松尾正男社長

「コンサルタントとして関わらせていただいた企業、社員のみなさんが、自立し自らのちからで継続できるようになること」

アルマ経営研究所の額田信一は、自分たちの仕事について、このように話す。その一つの例ともいえるのが、額田のよく知る企業数社が共同で取り組んだ「3S」（整理・整頓・清掃）だ。その中の一社であるダイヤ工業株式会社（岡山市南区古新田）の松尾正男社長に、話を聞いた。

ダイヤ工業株式会社は、昭和25（1950）年、創業社長の松尾隈男がい草製品の製造販売を始め、昭和38（1963）年にダイヤゴム工業（株）を設立。輸出用スリッパ、サンダルなどの製造販売を行ってきた。昭和40（1965）年に社名をダイヤ工業（株）に変更し、革製品、インテリア用品、袋物類を手がけてきたが、下請けからの脱却をはかろうと、昭和54（1979）年、医療用具（牽引装具）の下請け製造を機に医療用具への進出を探る。

昭和59（1984）年に自社オリジナルの腰痛コルセットを開発。その後、コルセット、サポーターなど医療用品の開発、販売で業績を伸ばしてきた。これまでに腰痛コルセットだけでも30種類以上、合計1000種類を超す製品を開発。医療や介護・福祉の分野で愛用されているだけでなく、プロアスリートからも篤い信頼を得ている。

平成25（2013）年に創業50年を迎え、新社屋の建設を決定。平成26（2014）年9月、岡山市南区古新田にスポーツジムやショップ、カフェなどを備えた新社屋が完成。運動器のサポーティングシステムメーカーの拠点として、新しい一歩を踏み出した県内でも注目度の高い企業の一つだ。現在は、2代目社長の松尾正男が約90人の若い社員たちを引っ張っている。

この人のおかげで「会社が変わった」

アルマ経営研究所とダイヤ工業とのつきあいは、二十数年前にさかのぼる。先代の創業者ダイヤ工業松尾隈男社長が、中小企業診断士で税理士の菅野彰氏（故人）に、経理のことだけでなく経営全般についていろいろ相談に乗ってもらったのが始まりだったようだ。その菅野氏がアルマ経営研究所の所属だった。

松尾社長はこう振り返る。

「私は、菅野さんのおかげで会社が変わったと思っています。それまでの税理士さんと違って、菅野さんは決算書をみるだけでなく、経営分析を基に今後やるべきことは何か、そんなことまでアドバイスしてくれました。ちょうど、当社も家業から企業へという過渡期だったのです。ところが、私と先代の社長との関係がぎくしゃくしていた時期でもあったのです。そこで、菅野さんの指導で会社の理念、社是というものを先代社長が定めたのです。互いに思うところはあっても、目指すべき方向はこれだというものがはっきりしました」

先代から経営を受け継いだ松尾正男は、それまで順調に伸ばしてきた売り上げを、社長就任一年目でダウンさせてしまう。いきなり壁にぶつかり、その打開を図ろうと松尾は岡山県中小企業家同友会の会合に顔を出すようになった。

ある日の例会で、仲間の企業の感動的な例会報告を聞きながら、ぼろぼろ涙を流している会員がいた。それが額田信一だった。

「私が中小企業家同友会へ入った時、額田さんは北支部の支部長でした。入って間もないころ、同友会の会合で、ある企業の報告を聞きながら、額田さんはぼろぼろ涙を流しながら聞いていたのをよく覚えています。涙もろい方なんですよね。他社のことなのに、一生懸命話を聞かれる額田さんは、すごい人だと思いました。知識が抱負で、あんな人と仲間になれたらと思っていました。私にとってはあこがれの存在です」

合同3S推進プロジェクト

中小企業家同友会が提唱する理念型経営などを実践し、着実に業績を伸ばし、企業価値を上げてきたダイヤ工業の松尾社長は、現在では代表理事を務めるなど、その中心にいる。

ダイヤ工業・松尾正男社長

その同友会で知り合い、仲良くなり、そして互いに信頼し合える関係になった岡山旭東病院、サンキョウ-エンビックス、サンコー印刷、そしてダイヤ工業の4社で、「3S」運動に取り組むことになった。

「同友会などの活動で気心が知れたこの4社で、ISOの取得に取り組んだことが経験になり、今度は〈5S＝整理・整頓・清掃・清潔・躾〉に取り組もうという話になったんです。で、とりあえず〈3S〉からと。企業だけでやるのも難しいので、アルマ経営研究所にお願いして、やり方や仕組みを教えてもらいながら2年間やりました。3年目からは、自分たちでできるように。委員会を作って、各社2人くらいが会社に来て、チェックしていくんです。自分の会社はよくできていると思っていても、他社の方からの目だと、気づくことが多いのですね。いろいろと出てくる。刺激し合おうという仲間なので、一生懸命になれる。しかも社長ではなく、社員たちが率先してやろうとしている。『社長、片付けてくださいよ』と、私なんかよく注意されますよ」

整理整頓の必要性が理解でき、さらに業務にプラスだということがわかるようになってきた。中小企業は何かと業務に追われ、忙しさを理由に途中で挫折することも多いのだが、この3Sの活動は「継続しよう」ということになった。

やり始めるのだが、なかなか続かないので、第三者の協力で持続していく。きっかけをつくってもらったのがアルマ経営研究所。「アルマさんに指導してもらったおかげですよね」と松尾は思う。

額田にとっては、松尾社長が率いるダイヤ工業は、まぶしい存在になった。業績や規模の拡大だけでなく、社員一人ひとりがイキイキとしている。

「若い社員の方が真摯に課題に取り組む姿勢を見て、良い社風ができている会社だなぁ……と思ったのを覚えております。このプロジェクトは、小生の手を離れて、4社が自走力を持って進めているようです。本当にすばらしいことです。このように、コンサルタントが去っても、そのあと企業が自力で進めてくれるのは、コンサルタント冥利に尽きる幸せです」と額田はうれしそうだ。

先端医療を利用したベンチャー企業を

最近では、ダイヤ工業の次世代を担う松尾健哉（取締役メーカー管理本部長）が中心になって進めている、リン酸化プルランのベンチャー企業立ち上げを額田は手伝っている。事業計画の立案、公的な資金を利用するために細かい報告書の作成など、専門家の力が必要なことも多い。

「これは、岡山大学の産学官連携本部の仕事で、ダイヤ工業さんが大変身するかもしれないという、すごい可能性を秘めたプロジェクトです。このようなプロジェクトの一端を担うことができて、大変幸せです」

もっと押しが強くても……アルマ経営研究所への期待

中小企業が元気にならないと、地域も元気にならない。地域の企業の発展のためにアルマ経営研究所の担う役割も大きい。

「ダイヤ工業としては、ベンチャー企業を早く軌道に乗せたいと思っています。それだけにアルマ経営研究所さんへの期待は大きいです。さらに、あえて注文をつけるとすると、もっと押しが強くてもいいのではと思う時があります。互いによく知った間柄なので、遠慮しているのかもしれませんが、必要な場合はどんどん売り込んできてほしいです」と松尾社長。

「もっと強気で引っ張っていってほしい」と話す松尾社長

地元の企業にとって良かれと思うことをどんどんかかわって来てほしい、それを商売にしてほしいというのだ。
多様な人材、いろんな分野の専門家がいるアルマ経営研究所の組織そのものが、共同受注など仕事の広がり、可能性も大きく、中小企業の連携の模範になるのではと、松尾社長は期待を寄せている。
先代経営者、現経営者、後継者の三代にわたって深い絆を築いてきたダイヤ工業とアルマ経営研究所。このように世代を超えて継続していくのは、アルマ経営研究所が、地方都市の、地元密着型の経営コンサルタント会社だからこそではないだろうか。

コンサルタントは大嫌いだった……カンキュー・藤南社長

倉敷市の中心部から西へ車で約10分、郊外の住宅地の一角に株式会社カンキューがある。周辺は、かつて水島コンビナートが拡大していった昭和40年代に、コンビナート企業の大型団地が建ち並んだエリアの北端にあたる。

同社ももともとは水島コンビナートの企業に弁当の配達を行う事業として創業し、社名も「関西給食センター」だったという。現在は各種魚肉をシート状にしたものを開発・製造している。魚肉シートは、天ぷらやフライ、インスタント食品の具材として利用され、全国にも同業者はカンキューを含めても3社ほどしかないという。いわゆるニッチなビジネスといえるかもしれない。

同社の藤南一朗社長（46）は、父親である社長から「次はおまえやれ」と平成15（2003）年の暮れに突然言い渡され、平成16（2004）年の年はじめに社長に就任した。

当時業績は低迷しており、営業の責任者だった一朗氏もその状態を打開しようと、新商品の開発、提案を繰り返したが、ヒットと呼べるものはなく悶々とした日々を過ごしていた。

そんなある日、ある産業支援組織から専門家派遣という制度があることを教えられた。経営について専門家がチェックし、経営上の問題点などを指摘、改善の相談に乗ってくれるという。

とはいえ、父親もそうだったが、一朗社長もコンサルタントの存在はあまり好きではなかった。

しかし、そうとばかりも言っておられない状態であったことも確かだった。

「食わず嫌いもよくないし、外からの意見を一度聞いてみるのも悪くないかもしれないか」。その専門家派遣の制度を利用すれば費用がかからないということもあり、藤南社長は提案を受け入れ、話を聞いてみることにした。

その時、カンキューの工場に派遣されたのが、アルマ経営研究所の取締役でチーフコンサルタントの中原富二雄だった。中原はまず工場の様子や作業の状態を見学した。

ズバッと問題点を指摘

「どこかに問題はありますか?」

藤南の質問に対し、中原は「工場のレイアウトが効率的ではないですね。動線が悪く人の動きもムダが多い」と指摘した。

藤南にも中原の指摘がわかっていた。景気が良かったころ、工場の設備は増設に増設を重ねていった。そのためつぎはぎだらけラインになり、ムダが大きかったことも気にはなっていた。工場のスペースにも限界がある。

しかし、わずかな時間の見学で、ズバッと問題点を指摘されたことに、藤南のなかで少し変化が生まれた。

「今もフォローしてくれています」とカンキューの藤南一朗社長

「工場のラインを改善するには大きな費用がかかるし、今の会社にそんな余裕もない。大きな投資をせずに、会社を変えていく方法はないか？」

藤南は中原に対し、率直に問題を投げかけた。

コンサルタントは嫌いだが、アルマ経営研究所は、地元岡山の会社だ。もしコンサルティングがうまくいかない場合は、狭い地域社会のなかで彼らも評判を落とすことになるし、下手なことはやらないだろう。そんなにお金をかけられないかもしれないが、何か改善のヒントが見つかるかもしれない。

中原へコンサルティングを依頼することにした。中原は、人の改革しかないと感じていた。

社員へのヒヤリングを重ね、「経営体質強化会議」を立ち上げることにした。

それまでカンキューの会議といえば、思いついた時に招集し、会議の終わりには「じゃあ、みんなで頑張ろう」というかけ声で終わって、具体的なこと、いつまでにだれが、何をやるのか——などは、決めてはいなかった。

中原は会議のやり方を変えた。月に一度、定例で会議を開き、社長の意見発表の場ではなく、社員からの声、現場の意見を出させるような仕組みにした。やるべきことも、一つひとつ具体的にした。

とはいえ、会議で決めたからといって、みんなすぐできるというわけではない。

「決めたこと、言ったことがなぜできないんだ！　大人なんだからちゃんとやろう」

藤南はイライラを隠せなかった。

そんな藤南に、中原は「すぐにはムリですよ。そういう習慣がなかったのですから。半年、いや1年くらいかかるかもしれませんね」とたしなめた。

藤南は即効性を期待していただけに「半年、1年もかかるのか……」と少しがっかりした。

そんな藤南を横目に、悠然と事を構える中原のペースに、徐々に合わせていけるようになった。

「決めたことができないと社員を嘆いていましたが、できていなかったのは自分自身だったんです」

社長自身が少しずつ変わっていった。社員同士否定し合うような発言がなくなった。意見もよく出るようになった。そして、「何より、社長の私自身が我慢強くなりましたね」

この日を境に会社ががらっと変わった、そんなはっきりとしたターニングポイントがあったわけではない。ただ、中原がカンキューに入るようになるまでの数年間にわたって低迷していた状態が、２００７年から２０１４年まで、８年間連続で黒字計上を継続するようになっていた。

「決して需要がどんどん拡大していくような業種、業界ではないんです。嗜好品の分野ですし、人口の減少に伴ってこれからも厳しい状態は続くでしょう。ただ、〈カンキューさんにつくってもらいたい〉というお客様もいらっしゃるので、そういった声に支えられて事業を継続していけたらと思っています」


取材後、藤南社長からメールが届いていた。言い忘れていたことがあるという。

「中原さんには契約終了後も定期的にご訪問いただき、気に掛けていただいております。

ほぼ雑談のなか、時折ちょっとした質問をしたりしますが、アドバイス（ヒント）を下さいます。先日も新規採用での面接のアイディアを頂戴しました。次回の採用面接からやってみようと思っております。

こんなことも地元のコンサルさんならでは？　かなと。アフターフォローもばっちりなところ、ぜひ書いておいてください」

藤南社長の声は明るかった。

自治体の振興計画策定でのコラボレーション……産經アドスとの連携

地域に根ざしたコンサルティングの実績を積んできたアルマ経営研究所に、２０１４（平成26）年に、これまでにない案件が舞い込んできた。関西に拠点を置く総合広告会社との協働プロジェクトである。相手は株式会社産經アドス。産經新聞をはじめ、フジテレビ、ラジオ大阪、ニッポン放送、サンケイリビング新聞などフジサンケイグループの一員として、広告、ＣＭ、プロモーションなどを扱う総合広告会社。大阪市浪速区に本社を置き、京都、神戸、姫路をはじめ岡山、松山にも支社を構える。

産經アドスは、これまでも同社岡山支社が窓口となって岡山県内の観光ＰＲなど広告、ＣＭなど活動してきたが、昨年（２０１４）夏、岡山県北の振興計画策定の公募に参加することになった。

産經アドスはテレビ、新聞、ラジオ、イベント、そしてウェブなどメディア系の総合広告会社としての特性を生かした広告やセールスプロモーション、ＰＲなどの領域では実績も経験も豊富だ。しかし、今回のような自治体の計画策定となると、未知数の分野だった。とはいえ、この振興計画策定での提案・採択は同社においても今後取り組みたい領域だった。

同社は公募への参画にあたって、産經アドス１社での提案ではなく、地元岡山の事情に詳しく、また行政のこうした政策立案の経験をもつ事業体との協働によるプランづくりを考えた。そこで紹介されたのがアルマ経営研究所だった。

産經アドスの代表取締役田中康雄社長は岡山へ出向き、アルマ経営研究所の額田信一に協力を求めた。２０１４年の秋も深まってきたころのことだった。地元岡山を知り、また行政への提案経験もあるアルマ経営研究所は、産經アドスが考えていたパートナーとしての条件を備えていた。

全国的なマスメディア集団の一員である総合広告会社からの、しかも社長直々の申し入れに対し、額田は公募案の提出まで時間がないこともあり即断した。こうした行政の振興計画策定の経験をもつ松本直也を中心に、谷行治や若手の市拓郎らも加わり、チームを編成して作業に入った。

役割分担を生かして……産經アドスの田中社長

「大阪に拠点を置く当社では、こうした政策立案などに必要なアンケート調査やその分析などベースになるデータなどは大阪本社の担当者が任を受け持つ。しかし、地方都市が舞台の場合、地元の地理や事情、背景などを熟知したうえで計画策定をしなければ表面的に終わってしまう可能性がある。地元岡山のことに詳しいアルマ経営研究所と組むことで、互いの役割分担を明確にし、それぞれの持ち味を生かしながら、短期間で中身の濃い提案をつくることができるのではないかと考えたのです」

この案件のアルマ経営研究所サイドの担当となったのは松本直也だ。立命館大学経済学部を卒業後民間企業、社会福祉協議会を経て、平成20年からアルマ経営研究所の所属コンサルタントとして活動。産業振興計画など民間だけでなく公共分野の受託業務も数多くこなしてきた。

松本は、産経アドス側の担当者・奥村昌広（アカウント・プランニング室長）、中谷明（産經アドス岡山支社長）と共に市役所に通い、膨大なアンケートやヒヤリングなどを基に、産經アドスの調査機能なども活用しながら、短期間にプランをとりまとめた。

提案の窓口となる産經アドス岡山支社・中谷明支社長は次のように話す。

「当社としては、これまでも自治体の観光PRのお手伝いをしてきた経緯があり、今回の公募はぜひともという意気込みで取り組みました。プロポーザルの告知が発表になったその日に、出張先からすぐに車を飛ばして市役所の担当課まで走り、必要な書類、資料を受け取りに行ったくらいです。

ただ、提案する中身はかなりの経験が必要な内容です。正直に言って、時間も経験もあまりなかったので、不安がなかったといえばウソになるでしょう。アルマ経営研究所のような実績のあるところと一緒に作業しなければ実現できない難しい作業でした」

また、実際に業務に携わった大阪本社のアカウント・プランニング室の奥村昌広室長は、

「計画の立案に現状の把握は欠かせません。例えば関西地区において同市がどんなイメージを持たれているか、当社ではメディアやウェブを使ってデータや実際の声を集めることができます。そのデータを基に松本さんには提案すべきプランにまとめてもらいました。何度も同市に行くなかで、本当に頼れる頼もしいパートナーだと実感しました。こちらに不足している知識や経験をアルマ経営研究所さんが補ってくれ、またアルマ経営研究所さんも広告やPRなどのアルマ経営研究所として未知の部分、不足している部分を当社から引き出してくれました。互いの持ち味を出し合える、とてもいい組み合わせだったのではないでしょうか」と感想を話している。

このように、大手メディアをバックにした総合広告代理店であっても、行政側が求めているものは何なのか、またそれを言葉などでどう表現すればいいのかといったポイントは、実績、経験を踏んだところでなければわからないことも多い。

その点、アルマ経営研究所は同社にとって頼りになる存在であったことは間違いないようだ。田中社長は、「こちらのイメージに近い形でサポートしていただくことができました。おかげで提案プランは採択され、2015年の3月には成果品を無事提出してきました。市にも喜んでいただけたようで、きっと実のある計画となったのではないでしょうか」と話す。

産經アドスだけでなくアルマ経営研究所のほうも、今回の協働作業によって得るものが多かったようだ。

額田信一は、「当社としては、アルマは産經という全国規模の企業と組んで仕事ができる存在だということがアピールできたことがとてもありがたかったです。今回のように一緒にやらせてもらうことで、コンサルタントを選ぶ地方都市の担当者にとっても、こちらの価値が上がったはずです。地元のことは全国規模の企業よりもアルマのほうがよく知っているわけで、上手にお互いの強みを生かし合えればよいでは」と今後の連携にも期待を寄せている。

行政の振興計画づくりを支援する……松本直也

紹介した産經アドスとの共同作業で中心的な役割を果たしたのが、松本直也だ。松本は民間企業の営業から社会福祉協議会での勤務を経て、中小企業診断士の資格を取り、平成20（2008）年からアルマ経営研究所に所属するコンサルタントとなった。

これまでも県内外の自治体から産業振興計画の策定やアンケート調査など、行政機関からの業務を数多く受託してきた経験を持つ。

「特に社会福祉協議会は公共的な役割が高いところだったので、この経験も生かせればと感じていました。そういう経験もあり、漠然と行政のシンクタンク的な仕事ができればいいなとは思っていたんです」

行政の仕事をといっても、通常8割方は普通のコンサルティング、中小企業向けの支援がほとんどで、公共のものは1割か2割。行政の仕事が中心ではなく、中小企業へのコンサルティングがベースにあり、その中で行政の仕事をしたいと考えている。

「行政の仕事、具体的には中小企業振興計画とか産業振興計画、観光振興計画などですが、私たちの場合は実務（コンサルティング）をやっているんです。実際に中小企業の振興をしていますとか、観光産業の振興をしていますとか、実務をやった上で、行政の計画づくりを支援している。ですから、実務を反映できる形で振興計画も作れたらいいな、と」

産業振興などの計画は、市役所などが中小企業者などをどう支援していくかを計画するのだが、肝心の中小企業の経営改革などの現場、実務を知らない人が計画をしてもいいものはできないのではないか、と考えている。

最近では、前述の計画の策定のほか、四国の自治体の産業振興計画や、同じく四国の自治体の中小企業振興計画などの策定を支援している。

「我々がやっているのは中小企業の経営戦略を考えることですが、一回り大きく考えて、地域の経済や産業をどういうふうに、どういう方向に進めていくか、どういうふうな振興をしていくかを考える。ということは、どういう支援をしていくかというのをつくる計画なので、中小企業の地域版とでもいえるでしょうか。市という大きい意味での方向性を決めるのですが、戦略を作るという意味では中小企業と同じ部分も多いかなとも思うんです」

自治体の計画策定において、大切なのは、まず手順として国や県の中小企業振興の方向性を理解しておくことだという。そういった点も理解したうえで、松本は担当者と一緒に計画策定を練り上げる。

セミナー講師に呼ばれることも多い松本直也

松本が主に行政の振興計画などの仕事を選択するのは、一企業の振興や成長だけではなく、それが地域全体の成長などにつながるところに魅力、やりがいを感じるからだ。

「どこも共通していることなんですけれども、結局行政だけでは中小企業振興はできないです。だからそこに商工会・商工会議所とか産業振興財団、地域の金融機関といった中小企業支援機関、それらがまとめて連携すると言いましょうか、一緒になってやらないとできないですね。この連携体が早い段階で組めるか、意思疎通ができるかどうかがポイントです。ですからどの計画でも、我々が行政の方と商工会を回ったり、金融機関に行ったりして話をしています」

こうしたやり方の背景には、アルマ経営研究所が、岡山県内の中小企業支援機関とのつながりが強いことがある。

「なぜかというと、私だけではありませんが、中小企業支援機関の嘱託専門指導員や窓口相談員・専門家派遣などを通じて、支援機関の方や会員事業所等のご支援を多数行っているからです。アルマが今までそういう商工会議所とか商工会とつながりを持っていたというのは大きいでしょう」

つまり、現場を知っている――商工会やその会員事業所、お店などのいろいろな相談に乗ったりしてきた積み重ねが効いているというわけだ。


地方都市を基盤にしている経営コンサルタント会社は、そうたくさんあるわけではない。しかも、自治体の産業振興計画などの策定を手がけることができるのは、岡山県内をみても、アルマ経営研究所とあと数社。だから、東京を拠点とする大手コンサルタントとの競合となることも少なくない。

松本は、土地勘とか地域への愛着が重要だと思っている。

「個人的には、やっぱり私ができるのは岡山と香川と鳥取と島根ぐらいまで。なんとなく知っているところ、土地勘があるところです。加えて兵庫県ぐらいまでだと思っています。そうでないとやっぱりわからないじゃないですか。自分で気軽に行ける範囲の都市です。これを超えてしまうと、例えば行政計画でも、愛情というか感情がわかないなと。自分がちょっと家族を連れて旅行に行こうとかと思える所や、今まで住んだことのある範囲にしたいです」

それは、都市に対する愛情なのか。

「愛情というか……、まあそうですね。現在は岡山ですが、大学は京都ですし、大阪にも5年ほど住んでいましたので、加えて、自分が行きたいなと気軽に思える場所。その程度のところがいいです。この間一緒に仕事をした産經アドスさんも大阪じゃないですか。今度一緒に仕事をする機会があれば、とくに兵庫県なら両方のノウハウが最も活きるのでは、と言っているんですよ」

地元とか土地勘、地域への愛着ということも、コンサルタントの手がける仕事が意味のあるものになるか、そうでないかの大きな要素なのかもしれない。

社会福祉協議会での勤務経験のある経営コンサルタントは、全国でも珍しい存在。高齢社会のなかで、社会福祉事業、介護事業などに経営コンサルタントが求められることも徐々に増えてきた。

「いや、もう何でも屋ですよ」と笑いながら話す松本の経験が生かされる仕事は、今後ますます増えてきそうだ。

第二章

中小企業支援機関とともに

課題を抱える中小企業が、コンサルタント会社に直接相談するケースもあれば、金融機関や公的な中小企業支援機関などを経由して相談が持ち込まれることも多いようだ。

第1章で紹介した鳥取の綜合印刷出版や倉敷市のカンキューなどもそういった例だ。

この章では、こうした支援機関との連携のなかでアルマ経営研究所が果たしている役割について紹介しよう。

＊

公益財団法人岡山県産業振興財団は、岡山県の外郭団体として産業支援、県内企業の経営支援を行っている。平成13年から平成15年の2年間は、アルマ経営研究所の創設者の一人でもある初代社長の原田林長も、同財団に設置された中小企業支援センターのプロジェクトマネージャーとしてその運営に関わった。いわば互いの活動内容をよく知ったもの同士といえる。

同財団の三宅昇理事長に話をうかがった。

経営支援の専門家として……岡山県産業振興財団・三宅昇理事長

当財団は、一言で言えば、総合的産業支援機関。経営面・技術面の企業サポート、人材育成など、もともとは3つあった財団が統合して今の財団になりました。

現在の業務としては、まず取引の斡旋。例えば、県内外の大手企業が下請けの発注先を探しています。一方、下請企業側は受注したいが、直接大手企業とのパイプもないし、営業力もない。そこで、公的な立場である当財団が、互いの希望を聞き取って、同じテーブルについて商談を進められるようマッチングする、というようなことです。ほかにも、販路開拓の支援や設備導入のお手伝い、創業の支援も行っています。

また、技術支援では、研究開発をやりたいときにどうしたらいいか、またお金はどうしたらいいかなど、R&D（※）に関することですね、そのサポート。従業員向けの研修、IT化のお手伝いなども行っています。

取引斡旋、経営革新の支援、技術、情報の支援を総合的にやらせてもらっているわけです。

※R&D……企業の研究・開発業務および部門。「R」はResearch（研究）、「D」はDevelopment（開発）を意味する。メーカーなどの研究所や製品開発部などがこれにあたる。

県内支援機関としては、商工会議所、商工会、中小企業団体中央会などがあり、それぞれいろんな仕事をされています。

そうした中で、当財団は、県全体の中小企業支援センター的な役割を県から委託されています。岡山県の外郭団体であり、県の施策の実行部隊だったのですが、いまはその色が少し薄れているでしょう。事業の財源の比率として、国からのものが随分増えましたからね。事業再生や経営改善に関する国からの委託のほか、２０１４年からよろず支援拠点という業務もスタートしました。

国の仕事がおよそ半分、ほかに県、岡山市、金融機関などからの仕事を引き受けています。

アルマ経営研究所との接点は、どんなところにある?

当財団の職員は約１１０人、このうち、プロパー職員は33人、あとの70%の職員は、出向者を除くと県などからの受託事業を実施するための専門職員です。寄り合い所帯のような組織で6万社といわれる県内の中小企業のニーズや困りごとに応えるのは難しい。したがって、外部からの専門家に協力を求めることもあります。

具体的には事業計画のレベルアップを図ってもらったり、計画内容の審査など、数多くの業務について、これまでアルマ経営研究所に所属するコンサルタントにお願いしています。

岡山県産業振興財団

ご存じのように、アルマ経営研究所には中小企業診断士の資格をもったスタッフが多いですし、原田さん、加藤さん、額田さんといった中小企業診断協会の代表を務められた方々とは、歴史的にも財団と深い関係がありますしね。

ただ、当財団からアルマ経営研究所という法人へ依頼するのではなく、アルマ経営研究所に所属するコンサルタントの方への依頼という関係です。

例えば、マーケティングに強い方がいないか、労務管理に関する専門家は？　といった時に、アルマ経営研究所には対応していただける専門家がたくさんいます。それに、所属のコンサルタントの方は、それぞれが独立したコンサルタントと聞いていますから、アルマ経営研究所という法人にお願いするのではなく、所属のコンサルタントさんに依頼するという形です。

先ほど名前の挙がった原田さんや加藤さん、額田さんといった方たちは、高い見識とコンサルティング能力をもたれており、これまでさまざまな業務に関わっていただき、大きな力になっていただいたと認識しています（ただ、これはあくまでも個人ベースの感想で、アルマ経営研究所という法人全体についての評価ということではありません）。

経営革新計画を県が認定するという制度があり、アルマ経営研究所所属のコンサルタントの方にその審査をお願いしていて、審査現場に同席したことがあるのですが、とても的確なコメント、ときには厳しい指摘もしてくれました。それもその企業のことを思ってのことだったと理解しています。

岡山県の企業の99％以上は中小企業です。中小企業の経営資源には限りがあります。人材もお金も不足している場合が多く、ぜんぶ自前でやることはできません。

自分の会社以外の人材をうまく活用しないと、中小企業の経営は回りません。中小企業診断士やアルマ経営研究所などがその役割を担うものの一つですよね。苦言を呈したりすることもありますが、岡山県全体の企業のために役立っていると思います。

中小企業と社外の支援者をつなぐ機関として、我々のような支援機関の存在意義は間違いなくあって、これからもその役割はさらに拡大すると思います。

手前味噌ながら、当財団の業務レベルは、全国トップクラスです。例えばお隣の広島県などと比較しても、スタッフの数は3倍、事業の数は5倍くらい。事情の違いがいろいろあるので、一概にいえませんが。

とはいえ、支援機関や当財団への認知度はまだまだだと思います。支援を求める企業は、以前からのなじみの企業が多く、我々にとっての新しい顧客はまだまだ少ない。支援機関というのは、地域の共通インフラなのです。みんなのためにあって、困ったときに活用してもらえる、地域に当たり前にあるものとして使ってもらえるようにしたいと思っています。

これから岡山の企業、産業がどうなっていくか、わかりませんが、かつて農業県だった岡山が、水島にコンビナートを誘致して大きく発展した。劇的な変化を遂げて、50年が過ぎました。大企業を誘致してという水島の時代は少し古ぼけつつあります。これからも水島に頼りすぎるわけにはいかないでしょう。

水島以前は例えば児島の繊維、備前の耐火煉瓦などの地場産業が栄えました。ですから、これから我々は第三の時代をつくらなければならないですよね。

真庭の木材産業など、小さなエリアごとにサスティナブルな産業の姿を期待しています。一つの大きな企業を誘致して、その周辺に下請けの企業ができてというような、かつての産業モデルを期待できる時代ではありませんよ。

6万社が、地域がそれぞれにそれぞれの処方箋を持たなければならないのですから、かなりボリュームのある仕事だと思います。

金融機関との連携のなかで……おかやま信用金庫　経営支援部・営業支援部

地元の金融機関との連携も、それぞれの企業支援という点から重要だ。連携の中味、そしてその中でアルマ経営研究所が果たしている役割などを、おかやま信用金庫の担当者に集まっていただき、話を聞いてみた。

おかやま信用金庫は、岡山市をはじめ、隣接する倉敷市、玉野市など岡山県南をエリアとする信用金庫で、中小企業、自営業者を対象にきめ細かくフォローしている。お客さまとの距離が近いこともあり、営業強化から事業の継続、そして事業承継など経営全般に関して相談を受けることも多いという。

【おかやま信金担当者座談会】

高度実践型支援人材育成事業でのサポート

――まず、アルマ経営研究所とどういった関わり、おつきあいなのかをお教えください。

遠藤　積（福島支店次長＝元営業支援部課長）　ちょうど1年前（2014年当時）に営業支援部

に配属され、企業の経営改善支援を1年間やってきました。その年の6月にアルマ経営研究所様から「高度実践型支援人材育成事業」のご案内をいただきました。初めての経験だったのですが、約3カ月参加しました。これは実際の企業をモデルケースに、計画作成までをやっていくという事業です。お客さまの協力も得ながら、根本的には経営改善、支援ができる人材を育成しようというのが狙いです。

実際に改善計画を策定するのですが、研修の仕上げ段階では、通常業務の空いた時間をみつけては計画策定をやるというような感じになり、結果的には3～4カ月かかりました。それを発表し、モデルになっていただいた企業の社長さんにもご納得いただいて、この計画でやっていこうというところまでをやりました。

遠藤支店次長

架空の企業ではなく実際の企業をベースにしているので、本気の度合いが違います。お客さまに負担をかけることはできませんし、お客さまの方も当然本気で意見を言ってくださいます。改善に向けての気持ちが強くあったと思いますから、こういう形で経験させてもらって良かったと思います。

そのときは、アルマ経営研究所の谷さんと小野さんにサポートいただきました。私を含め3人で会社の事業所を訪問して企業の実態を把握しながら、計画を作り上げていくという経験をさせていただきました。

1社だけとはいえ、自分一人では難しいことだと思いましたが、どういう手順を踏んでやっていけばいいのかがわかりました。

おかやま信用金庫本店（岡山市北区）

谷さんとは以後別の企業の案件も相談し、実際にかかわっていただき専門家としての計画書を策定していただいております。アルマ経営研究所には大勢の専門家の方がいらっしゃり、先日もご挨拶に行ったとき、谷様以外のメンバーの方もご紹介いただき、皆さん、気さくに相談に乗っていただける雰囲気を感じました。当金庫の本店が、アルマ経営研究所の事務所に近い所にありますし、今後も協力いただけたらと思っています。

寺尾通宏（経営支援部課長） アルマ経営研究所は中小企業診断士のグループと理解しています。その分野の専門家として、経営計画策定のお力をいただいているのが現状です。私が最初に営業支援部に配属になったころ、アルマ経営研究所さんが毎年1回か2回、事例発表されていて、それに参加させていただきました。それが初めての出会いです。内容は本店営業部のお客さまの改善のお話で、いろんないきさつや難しい問題をクリアしながら、改善をまとめ上げたという話を伺いました。

それから、「ミラサポ（未来サポート）」という、それまでは「専門家派遣」という呼び方でしたが、国の事業で専門家を無料で3回まで利用でき、派遣していただけ

寺尾課長

るという制度があります。一応私がグループの中のその窓口的な存在になりました。無料で専門家の意見が聞ける、改善のきっかけになるということで全店に呼び掛けて、希望があった支店に専門家を会わせました。当初はコーディネーターの方がいらっしゃったので、こちらはそんなに手をわずらわさなくても専門家を派遣できました。

それが「ミラサポ」という制度に変わってからは、自分で結びつけることになりました。専門家の略歴とか現在の得意分野など詳しいことがわからないというときは、とりあえずアルマさんに伺い、こういったお客さまがいるけど、どなたか対応できる人はいないかと。すると、「では、私がやりましょう」とか、アルマ経営研究所の中で手配していただいたりして、専門家派遣事業に協力をしていただきました。

——このような指導を受けて、やはりお金はかかっても、もっと深く改善に取り組みたいなとなると、直接アルマ経営研究所さんと契約するようなこともあるのでしょうか？

草加幸弘（経営支援部課長） 今、2先のお客さまと契約していただいています。また、お客さまの組織化を取り組んでいるなかで、講師の派遣をしていただいたこともあります。

営業支援部のころですが、「若手経営者の会　おかやまPRODUCE」というのがあり、そこでいろいろなセミナーとか専門家の先生に来ていただき、講義をしてもらいます。額田さんや加藤先生にお願いしました。45歳までの若い経営者の方を対象にしたもので、お客さまのご興味も高かったと思います。

遠藤　先ほどの「高度実践型支援人材育成事業」のプログラムでは、計画を作った後のフォローまで含まれていません。われわれはそこのフォローをしていかなければなりません。数字の検証なり、ちゃんと計画通りにいっているかどうか。私の前の担当者から引き継ぎをしたときに、やはり（アルマ経営研究所の）先生にそのまま見ていただいた方がいいのではとの意見もありました。お客さまの側も「あの先生に引き続き手助けいただけないだろうか」ということで、確かに実費はかかりますが、2年目からは見直しとその後のフォローをしていただいているケースがあります。

草加課長

——作っただけではなく、それをやり切りたいと。

遠藤　1年経ったらやはり課題も出てきますし、技術や商品が計画通りいかないとかいうようなことがあります。見直しもしながら、3か月に1回はフォローアップも含めて先生に行っていただいている企業もあります。そういう信頼があるからご紹介させていただけるし、企業の社長さんも受け入れてくださるのだろうと思います。

寺尾　先ほどお話ししました「経営改善計画策定支援事業」で、今、中原先生に関わっていただいているところがあります。たまたま中原先生がその企業を見られた経験があるところで、今回は抜本的に改善計画を作りましょうと提案しました。すると、お客さまの方から「じゃあ、アルマの中原先生でお願いしたい」というお声掛けをいただきました。そういったお客さまの意志というのは非常にうれしいことですね。「では、すぐに先生にご連絡します」ということで、今はまだ計画策定段階ですが、私も作成段階でどんなふうになるのかを見させてもらっています。大きなシートを作って、問題点をバラバラにして具体的にあぶり出す。図を使いながらね。社長さんも同席されています。すごく熱心に動かれて、これはいい計画ができるなと思っています。

すばらしいと感じるのは、われわれではなかなか引き込めない従業員まで巻き込んでいく方法です。経営者だけでなく、従業員から改善の意識を持たせるところをうまく作り上げていくという手法を見させていただきます。

草加　金融機関でできることと、専門家の先生の方ができることというのは、やっぱりできることに違いがありますから。

――窓口になる金融機関さんの役割というのはものすごく大事ですね。

寺尾　そういう立場にいるとは思っています。

――最後に、アルマ経営研究所への注文などがあれば……。

若林　薫（常勤理事／営業支援担当）　皆さんそれぞれが明るく、親しみやすく、何でも相談できるような雰囲気があります。私自身これまで10人程度お会いしたのですが、皆さんそうでした。例えば、「これはどうなんでしょう？」と何か尋ねて、「私は担当ではないから知りませんわ」と言われると、ちょっとさびしいかもしれませんが、そんなことは一度もありません。

要望はこれといってないですが、あえて言えば、最近は経営者だけでなく金融機関の職員も、きびしいくらいの先生を求める傾向にあるように思います。よりつっこんで、叱咤激励以上の迫力のある先生を希望するようで

若林理事

す。お客さまに本当に生まれ変わってもらわないといけないようなこともあるわけです。そういった意味では、アルマ経営研究所の先生方はやさしい先生が多いと思います。

（取材日：2015年2月10日）

国の事業にチャレンジ

この座談会のなかで出た「高度実践型支援人材育成事業」について、アルマ経営コンサルタントの水川敬章に聞いた。

「高度実践型支援人材育成事業」は、中小企業の経営支援に当たる金融機関などの担当者が、アルマのような経営の専門家から実践的な研修を受けることを支援するという国の事業だ。ひと言でいえば、経営計画の立案が必要な企業A社があり、それを支援する金融機関の担当者Bさんがいて、その両方、「A社の支援策をBさんと一緒に考えましょう」ということをコンサルタントが指導するというものだ。

かつて、「金融円滑化法」という、返済の厳しい企業に猶予を与えましょうといった制度があったが、この制度が終わるにあたって、企業は経営改善計画の策定を迫られることとなった。とはいえ、企業が自分たちできちんとした計画案をつくることは難しく、そこで金融機関に協力を仰ぐことになった。だが、金融機関にもそうしたノウハウがあることもあれば、ないところもある。そこで、金融機関に対して必要なノウハウを注入しておく必要があるという考えから、平成24年度より「高度実践型支援人材育成事業」が実施されることとなった。

水川敬章

実際に、金融機関のスタッフを民間の経営コンサルタント会社へOJTの形で派遣させ、一緒にコンサルタントのノウハウを学んでスキルアップを図りながら、現場主義で企業の経営計画を策定しようという、「高度実践型」の取り組みだった。

水川が所属コンサルタントとしてアルマ経営研究所に加わってから約5年間、こうした公のプロジェクトに取り組んだ経験はあまりなかった。こうした金融機関の人材育成事業の受託は、アルマ経営研究所としても初めての経験だっただけに、担当した水川にとってかなりのエネルギーを注ぐ仕事となった。

「もちろんこの事業は私だけでなく、ベテランの小野や額田にもサポートしてもらいながらやってきました。私も『再生支援協議会』に2年間いた経験があったし、特にリーダーを務めた私の師匠ともいえる小野毅はメガバンクの支店長経験者で、かつ『再生支援協議会』でもさまざまな再生手法を経験していたので、実務面での不安はなかったですね。もちろん『やれるぞ』という自信がありました。ただ、1年目の時だけは、金融機関さんが本当に人を出してくれるのかな、と不安でしたね」

内容をこなせるかどうかという不安よりも、むしろ金融機関がついてきてくれるかどうかのほうが不安だったと水川は言う。

「本事業は全国でもあまり採択数が多くはなかったのですが、我々のほうで手を挙げて、平成24年度、25年度、26年度と3年連続で当社が専門家として採択されました。3年連続での受託は全国で5、6件だけ。これは、当社の業歴が30年近くあったことや、これまで多くの実績を積み上げてきたことが評価された結果だと考えています」

メガバンクの支店長も経験した小野毅（右）

また、本事業の受託では、国が要求する事務手続きにもしっかりと対応することができた。アルマならではの、組織的な事務処理体制が整っていることを証明することにもつながった。
そして、3年続けた翌年からは、「あれないの?」と金融機関のほうから声がかかるようになったという。
「一定の成果を上げ、評価をいただけた、地場のコンサル会社の存在価値が認められたと思いましたね。これまで積み重ねてきたものがこの仕事につながり、この仕事がまた将来につながっていく、そんなターニングポイントといえる事業だったのではないかと捉えています」

ＩＴの専門家から経営コンサルタントの道へ

水川もまた少し変わった経歴からアルマ経営研究所へ参画したコンサルタントのひとりだ。大学の工学部を卒業後、ＩＢＭやキヤノンの関連会社でキャリアを積む。

なぜ、アルマ経営研究所の仕事に加わったのだろう。

「独立して、会社の看板っていうのが無くなって、自分でやるようになると、新しいお客さんに対する信用がないことに悩みました。そこで、中小企業診断士という資格があれば少しは信用が増すかなと思って取ったんです」

もともと「経営がわかるという資格を持ったＩＴ屋さん」になろう思っていた水川だが、アルマに誘われ、そちらで仕事ができそうだという手応えをつかむと、逆に「ＩＴのわかるコンサルタント」でもいいかな、と思い始めた。

最初は二足のわらじを履きながら1年ぐらいコンサルタントの仕事に関わり、いろんな金融機関と連携するうちに、再生支援という案件を専門にするようになった。

「これって、今まで自分がやってきたことが使えそうだな、と思ったんです。銀行のノウハウというのはなかったですけど、経営のほうはＩＢＭの時代にそれなりに学んできていた。そういう経験が活かせるのはいいなと思って、そんなに深く考えずにここまで来てしまったというのが正直なところなんですけどね」

目線の合う信頼できる相談相手

アルマ経営研究所のエリアは、岡山県内にとどまらない。特に隣県でもある鳥取県は、車で2時間から3時間という距離なので、提携先、クライアントも少なくない。

鳥取県内に本店を置く唯一の地方銀行で、県内55カ店、県外12カ店、その他1代理店、1事務所を持つ、地元とのつながりが強い金融機関である鳥取銀行は、アルマとも関係の深い金融機関の一つである。

額田によると、「鳥取銀行さんとのお付き合いの発端は、もうずいぶん昔に、岡山支店の支店長だった下田さんといわれる方が中小企業診断士で、その方と診断協会岡山県支部の行事で知り合ったのが最初です。その後、下田さんが当社の銀行員向けセミナーに参加してくださり、交流が続きました。人事異動で下田さんが本店に帰られたあとに、鳥取市内であった鳥取銀行さんのお客様対象のイベントにお呼びがかかり、当社のメンバーが参加して鳥取銀行本店とのお付き合いが始まりました。今では結構気軽にいろいろと声をかけていただき、ありがたく思っております」。

鳥取銀行　ふるさと振興部地域ビジネス推進室　副調査役・金山昌弘の話

ふるさと振興部地域ビジネス推進室ですが、当行が平成27年1月15日付で地方創生に関する行内体制を整備しました。これは、各地方公共団体の地方版「総合戦略」の策定および円滑な施策実施について、ふるさと振興部を担当部として、鳥取銀行の支店長52名が地方創生サポーターとなり産業界などと連携し、情報収集・調査分析を行うなど、積極的に関与していこうというものです。

ふるさと振興部は、地方創生に関する本部担当者として、地公体担当者や各店の地方創生サポーターと情報連携を図り、行内外の調整を行います。併せて、地方創生に資する取引先情報に関する各営業店からの受付窓口として情報収集を行います。

もともとは、当行の岡山支店からの紹介でアルマ経営研究所とのお付き合いがあったと記憶しています。ただ、いつ頃からかというのは確かなところはわかりません。

鳥取県内にはこうした幅広く対応していただけるコンサルタント事務所があまりないので、お客様の要望に応じてご紹介させていただくケースが多いようです。

例えば、２０１３年度から２０１４年度にかけて、ある健康関連商品のメーカーの生産管理の見直しについての相談を受けたんです。

「どこかにいいコンサルタントはいませんか？」と。

そこでアルマ経営研究所の額田さんに相談して、その改善に関わっていただきました。

鳥取のような地方では、大都市のように企業のさまざまな要望、課題に応えられるコンサルタントというものは十分とはいえません。

社員の教育、営業の強化、生産管理の見直しなどなど、企業はさまざまな課題を抱えています。しかも、はっきりと「ここを何とかしたい」と明確になっている課題ばかりではありません。いわゆる「ぼやっ」とした状態で、「何をどう改善していっていいのかわからない」という状態での投げかけが多いので、アルマ経営研究所さんのように幅広く、しかも高度な知識と経験を持っている組織があるのは、たいへん助かります。つまり課題の掘り起こしからやってくださるので、いざという時に心強いです。

紹介する側の銀行としても、自信をもって紹介できますしね。

正直なところ、東京などの大手のコンサルタント会社さんなどともお付き合いはあるのですが、話のレベルが

アルマ経営研究所に掲げられた経営理念と行動指針

かみ合わない、目線が合わないとでもいうのでしょうか。問題点を共有できないこともあります。その点、アルマ経営研究所は小さな規模からある程度大きな規模まで大丈夫ですしね。

それに大きいのは額田さんの人柄でしょうかね。明るく、気さくでしかもキャリアが豊富で。紹介するうえで、安心で信頼できますね。実際紹介したお客様からも「相談しやすいです」「鳥取―岡山ですから、そんなに距離感を感じません。身近な感じがします」といった声をいただいています。

私が所属しているふるさと振興部地域ビジネス推進室では、企業の課題解決の相談に対応しています。例えば、ビジネスマッチング、事業承継、M＆A、医療・介護、農業、海外進出、産学連携などです。幅広い分野ですし、近年はこうした分野の相談も増えてきました。

東京に本社のあるメガバンクにはない地元銀行ならではのきめ細かさを大切にしたいという思いもあり、セミナーの講師をお願いしたり、情報提供、補助金の申請などいろいろ相談に乗ってもらっています。

あえて要望、希望をいうとすれば、ぜひ鳥取にも事務所、拠点を置いていただきたいと。そうなれば、もっと情報交換などが進み、鳥取の発展のためになると思うのです。

第三章

アルマ経営研究所のあゆみ

地域密着のコンサルティング会社をつくろう

アルマ経営研究所の発端

アルマ経営研究所の歴史は、その前身である「岡山シーディーアール」の誕生に始まる。

高度経済成長を経て安定成長期を迎え、年頭に日経平均株価が初めて1万円の大台を突破した昭和59（1984）年、世間では「かい人21面相」によるグリコ・森永事件で騒がれていた。

この頃、岡山で中小企業診断士として独立しコンサルティング活動を開始していた原田林長は、同業の仲間と共に新たなコンサルティングファームの構想を練っていた。

「地方の中小企業を、地方のコンサルの力で盛り上げていきたい」

そんな想いから誕生したのが、株式会社岡山シーディーアールだった。岡山における中小企業診断士の先駆けであり、これが後にアルマ経営研究所へと成長を遂げることになる。

アルマ経営研究所の土台をつくった原田林長

倉敷市玉島の出身、昭和12年10月25日生まれの原田林長は、昭和47（1972）年に中小企業診断士の資格を取得。昭和55（1980）年ごろから独立コンサルタントとして、中小企業診断協会岡山県支部で企業診断の活動を始めた。スタートはある工場の診断だった。

80年代初頭、国が企業に無利子で資金を貸し出す企業診断制度が全国的に整備され、無料診断の実施がはじまった。当時は金利が7～8%という時代、この無利子の「高度化資金」には、さまざまな企業から経営診断の依頼が相次いだ。

無利子の制度融資を受けるためには、条件をクリアした診断書を作る必要があり、その診断書を作成する仕事が多く発生した。そこで、もともと県庁の担当者と懇意だった原田のもとに仕事が舞い込み、経営コンサルタントとしてさまざまな企業診断を引き受けることになる。

当時、岡山では中小企業診断士がプロとしてコンサルティングを手がけている例はまだ少なかった。原田は岡山県の西の端から東の端まで走り回り、企業に出向いて経営の内容を調べたり、相談に乗ったりと、文字通りあちこちに引っ張り回される毎日が続いていた。

それまであまり注目されることのなかった中小企業の経営診断という仕事。無利子の融資制度が実施されたことでようやく顕在化したわけだが、昭和50（1975）年ごろの岡山にはこうした企業診断を引き受けられる診断士はそう多くないのが実情だった。

設立のころの原田林長

昭和55（1980）年、岡山で新たに3名の中小企業診断士が誕生した。三井造船の蓮室光雄、三菱石油の河田明夫、日本エクスラン工業の加藤珪一である。

同年秋、彼らは中小企業診断協会岡山県支部を訪れ、理事の原田林長に「経営診断をしたい」と希望を伝えた。そして、岡山県中小企業総合指導センターの「工場診断」などの仕事を受託することになった。

その後、昭和58（1983）年の秋頃から、原田林長が貸家にしていた学習塾の1階で、中小企業診断士が集まる勉強会が行われるようになった。

勉強会と称してはいるが、集まって話していた内容については、

「今後の岡山の中小企業はいかにあるべきか」

「将来コンサルタントの重要性はますます高まるだろう」

「中小企業の力となって、岡山の地域を盛り上げてやろう」

といった、いわば「霞を食うような話」に終始していたという。当時、日本の地方都市で、かたちのない経営コンサルティングでお金が取れるといわれても、ぴんとこないものだった。しかし、霞を食うような話で終わらせるわけにはいかない。

昼時になると近くの中華料理店でラーメンを食べながら、中小企業診断の仕事をメジャーなものにしたい！　という大きな夢についてしつこく語り合った。

このとき勉強会に参加していたのは、蓮室光雄、河田明夫、加藤珪一の3人のほか、小野正晴、黒田勝弘、石井栞ら。のちに岡山シーディーアール設立の核となる人物たちである。

開業案内パンフレット　1984（昭和59）年5月26日

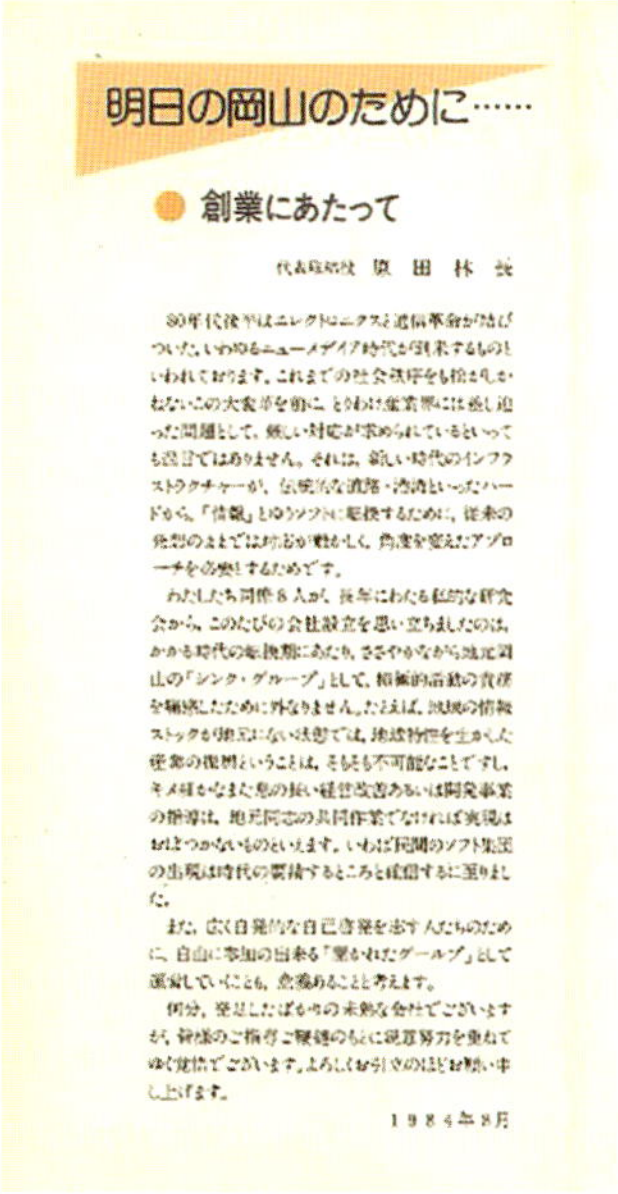

明日の岡山のために……

創業にあたって

代表取締役　原田林長

80年代後半はエレクトロニクスと通信革命が結びついた、いわゆるニューメディア時代が到来するものといわれております。これまでの社会秩序をも揺るがしかねないこの大変革を前に、とりわけ企業界には差し迫った問題として、新しい対応が求められているといっても過言ではありません。それは、新しい時代のインフラストラクチャーが、伝統的な道路・港湾といったハードから、「情報」というソフトに転換するために、従来の発想のままでは対応が難しく、角度を変えたアプローチを必要とするためです。

わたしたち同僚8人が、長年にわたる私的な研究会から、このたびの会社設立を思い立ちましたのは、かかる時代の転換期にあたり、ささやかながら地元岡山の「シンク・グループ」として、組織的活動の責任を痛感したために外なりません。たとえば、地域の情報ストックも満足にない状態では、地域特性を生かした産業の振興ということは、そもそも不可能なことですし、キメ細かなまた息の長い経営改善あるいは開発事業の推進は、地元同志の共同作業でなければ実現はおぼつかないものといえます。いわば民間のソフト集団の出現は時代の要請するところと確信するに至りました。

また、広く自発的な自己啓発を志す人たちのために、自由に参加の出来る「開かれたグループ」として運営していくことも、意義あることと考えます。

何分、発足したばかりの未熟な会社でございますが、皆様のご指導ご鞭撻のもとに創意努力を重ねてゆく覚悟でございます。よろしくお引き立てのほどお願い申し上げます。

1984年8月

明日の岡山のために……創業にあたって
同パンフレット内、原田林長の言葉

岡山シーディーアールの誕生

それまでに国や県からの企業診断の仕事を受けていた診断士は、原田のようにみな独立はしていたが、事務所を持たない人が多く、自宅で仕事をしている人ばかりだった。

官公庁から受託する経営診断などで順調に仕事を確保していた原田だったが、こまごまとした仕事をこなすだけではコンサルタントとしての将来に広がりが見えないと感じるようになっていた。

仕事の幅を広げ、地方の中小企業の発展を支えるためにも、ある程度まとまった大きな仕事も受けられるようにならなければいけない。しかし個人の力では限界がある。原田は、コンサルタントを組織化する必要を感じていた。

また同時期に、仕事を通じて懇意となった県庁の担当者からも、「今後、大きな仕事も頼みたいが、個人事業主に依頼するには難しい金額になるし、仕事量も膨大になる。きちんとした受け皿となる会社をつくったほうがいいだろう」とアドバイスをもらった。

勉強会にも参加していた診断士らに話したところ、意見が一致。

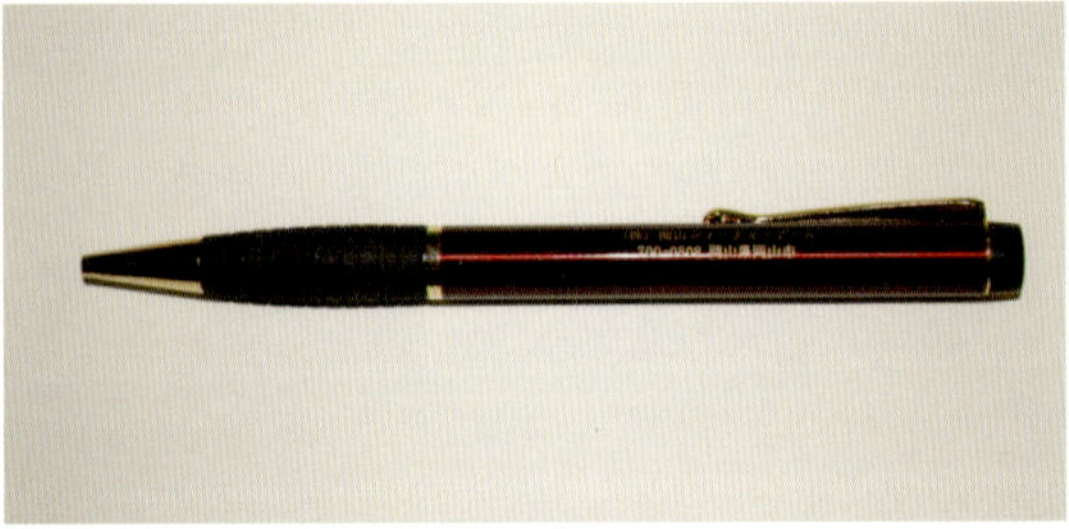

創業時にお客様に配布した記念ボールペン

「皆でコンサルティング事務所をつくろう！」ということで話は決まった。

社名は「株式会社岡山シーディーアール」。ＣＤＲとはConsultation Development & Research（経営診断・開発計画・調査研究）の略である。これは当時、仕事を通じて付き合いのあった岡山県研修情報センター（岡山県産業振興財団の前身）の主任（岩戸さん）が提案し、おもしろいと皆が賛成して決定した。

そして昭和59（１９８４）年、５月26日、岡山市大和町に事務所を構えた。資本金１００万円で株式会社岡山シーディーアールを創業。原田林長が代表取締役となった。

創業当時の役員は、代表の原田をはじめ、小林良夫、石井栞、宮本康司、小野正晴、木村照子、蓮室光雄、加藤珪一の７名の取締役と、監査役には原田和子が就任した。

スタートから共同体として活動

岡山シーディーアールは、原田を含め８名の中小企業診断士によってつくられたが、通常の会社とは異なり、全員が社員として会社で働き始めたわけではなかった。アルマ経営研究所の「共同体」という在り方は、当時から受け継がれてきたものだ。

メンバーはそれぞれ別の会社に所属していたり、個人で活動しており、岡山シーディーアール設立後もその点に変化はなかった。あくまでコンサルティング業務を受けた際に、共同で利用す

CI 戦略や人事制度構築などを得意とする蓮室光雄

る事務所を用意しただけの格好である。もちろん岡山シーディーアールという看板を掲げてより大きな仕事を受注することを目的としていたが、このとき会社や事務所はそのための器として存在しているに過ぎなかった。

そのため、創業直後の岡山シーディーアールは、実質的な所属コンサルタントは原田1名のみ。会社としての事業活動も原田が1人で受け持っている状況が長く続いていた。

その原田についても、調査案件があれば自宅で原稿を作成し提出するなど、まだまだ会社の体をなしておらず、岡山シーディーアールはほとんど休眠状態といえる状況だった。設立年の昭和59（1984）年度と翌昭和60（1985）年度についての記録が「事業活動不実施」となっているのはそのためである。

ところが翌年の昭和61（1986）年、取締役のひとりであった蓮室光雄が何の前触れもなく勤め先であった三井造船を退社した。

「今後はコンサルタントとしての仕事に注力したい」と張り切って会社に来たのである。

コンサルタントは将来有望な職種であると常日頃から話していた原田だったが、そんな蓮室の行動には驚かされた。

「なんとかして彼の生活の種を確保せねば」と八方手を尽くして仕事を探した。そして、原田が受け持っていた商店街の調査事業や原稿作成の手伝いから始めてもらうことになった。

このとき調査事業を実施するにあたって、女子事務員が必要だということになり、細小路を採用。所属コンサルタントも倍の2名で業務がスタートし、岡山シーディーアールはようやく会社らしい組織となった。

その後の昭和63（1988）年には岡山県情報センターから「新聞情報データベース」構築の仕事が舞い込んできた。これを機にコンスタントに仕事を受注できるようになり、この頃、あらたに中桐を事務員として採用している。

中心的存在となった宮本康司

岡山シーディーアールの設立に当たって、原田が相談をした人物のひとりに宮本康司がいた。

宮本はクラレグループのコンサルティング会社「テクノソフト」に勤め、組織の中で日々、中小企業の経営革新や事業改善といったコンサルティング業務をこなしてきた人物だった。

また、宮本は「会社だけでなく外の世界を覗いてみたい」という気持ちから、テクノソフト在職中に中小企業診断士の資格を取得。会社勤めのかたわら、土日の休日を利用して個人で経営診断などのコンサルティング案件を引き受けていた。得意分野である製造業に絞って、生産性をあげるコンサルティングで実績を積んできた。

銀行などの金融機関や中小企業診断協会から依頼があり経営診断に当たっていたが、やはり診断士の数が足りなかったこともあり依頼は絶えず、当時は休む暇もなかったという。

宮本はその後、勤めていた会社を定年を待たずに退職。中小企業診断士として独立し、コンサルタントの仕事に一本化した。

原田は、繊維関係の会社の組織の立て直しなどで実績を積んできた宮本と意気投合。「コンサルタントで集まって組織化し、よりスケールの大きな仕事をやっていこう」

宮本は、原田の考えるコンサルタントの組織化を手伝い、岡山シーディーアールの創業メンバーに取締役として参加。経験豊富なコンサルタントとして岡山シーディーアールの中心的存在となった。

独自のスタイルが定着

そもそも、岡山シーディーアールが一般的な会社組織ではなく、独立コンサルタントの集合体になった理由は、個人のやりたいことを尊重するためだった。組織に属していても、それぞれのコンサルタントが独立して、やりたいことをやる。その「やりたいことしかやらない」という点が、命令で成り立つ一般の企業と最も異なる点だといえる。

また、コンサルタントが社員となって固定給を支払うとなれば、毎年査定をしなければならないが、原田たちはそれをやりたくなかった。そこで提案されたのが、「査定はお客さんにやってもらうのがいちばん早い」という独立採算のシステムだった。顧客が多ければ収入も上がるし、儲けが出せないものは収入が少ない。単純明快な仕組みである。

そうして「自分の食い扶持は自分で確保する」という独立独歩の精神が打ち出されたが、とはいえ、設立したばかりの岡山シーディーアールのメンバーは独立したてのコンサルタントが多く、自分で食い扶持を確保することができたのは経験の豊富な原田ひとりという状況が長く続いていた。

しかし、テクノソフトを退職した宮本が所属コンサルタントに加わると、状況は大きく変わり始めた。

昭和63（1988）年に岡山県情報センターから受注した「新聞情報データベース」構築の仕事以降も、原田が引き受けてきた仕事は官庁関係のものが中心だった。

宮本も当初は公共診断などを中心に取り組んでいたが、積極的に一般企業への営業を展開し、平成4（1992）年以降、電気関連企業の社内規程整備の仕事を足掛かりに、CI策定や経営診断など民間からの仕事も徐々に増え始めた。

また、このころから少しずつ景気も良くなり、経営コンサルタントという仕事も徐々に認知されるようになってきた。

原田は調査案件などを官公庁から、そして宮本が得意の製造業などを訪問し一般企業からの依頼を引き受けてくる。そして、それぞれの案件を2～3人で手分けしてこなしていくというスタイルが徐々に出来上がっていった。

身を削って後輩を育成

一般企業からの依頼は、つねに宮本が自ら出かけて行って企業から引き出してきたもの。いろんな案件を抱えるようになった宮本は、蓮室や加藤といった他の後輩メンバーに声を掛けてコンサルする客先に同行させ、自分のコンサルティングのやり方をそばで見させて仕事を覚えてもらった。さらに宮本は、手がけたコンサルのフィー（報酬）の一部をメンバーにも分け与えた。

宮本は、「入ってきたひとをみな一人前にしないといけない」との思いから、身を削って後輩の育成に努めた。

一方では、個人でこなせる案件も多く受注し、そうした仕事はそれぞれのスタッフに手渡していった。

こうした仕事の流れが整ったことで、岡山シーディーアールという会社は、コンサルタントにとって大きなメリットを持つ組織になっていった。

所属コンサルタントになれば、営業を他の人がやってくれるため、若干の手数料を負担するだけで仕事がもらえるわけで、とくに駆け出しの独立コンサルタントとしては非常にメリットが大きかった。

後に入社した額田も、宮本から仕事を教えてもらったひとりだ。

「宮本には、女性のシャツを縫っている工場へ一緒に連れて行ってもらいました。先方での指導は全部宮本がやって、私は横で議事録を書く程度のことで報酬をいただいたものです。コンサルティングのやり方を現場で実地に見せてくれて、それでちゃんと分け前のフィーもくれる……宮本はそういう存在でした。その後、自分ひとりで現場に出るようになってからは、宮本のやり方をまねしていました」

宮本のこうした人材育成の方法は、その後も同社の伝統として生き続けることになった。

大規模な調査案件を受注

一方、官公庁からの大型案件として、平成3年4月に岡山県中小企業研修情報センター（現在

製造業の現場で戦略策定や現場改善の指導に取り組む加藤珪一

の岡山県産業振興財団）のデータベース入力の仕事が舞い込んできた。このとき、情報センターでは岡山県下のさまざまな産業情報をまとめてデータベース化していくという事業が始まり、そのデータをパソコンでまとめていく仕事を原田が受注したのだった。記事を要約したり、資料から数字を拾ったりという大規模なもので、4人のスタッフが専任となって作業に当たった。

こうしたシンクタンク機能は、その後アルマ経営研究所の事業の大きな柱の一つとなっていく。

構造改善事業の増加

同じ頃、表町商店街の近代化など、構造改善の事業も増加し始めた。たとえば旧態依然として衰退の道をたどっている商店街を活性化させる取り組みなど、近代化計画と呼ばれていた。

第3セクターで国の機関である中小企業事業団が高度化資金融資制度をつくり、その資金は商店街の改善などに利用された。この事業団ともつながりのあった原田は、こうした商店街の活性化事業の仕事も受注、県外にも出かけていった。

岡山シーディーアールが会社としてのスタートを切った当時、海外進出に取り組む会社なども増加し、企業がどんどん伸びて大きくなっていく時代だった。その中で、相談案件など診断士としての仕事も急増し、また国としても企業情報の蓄積などに取り組み、岡山シーディーアールの活躍の場も拡大。仕事もスタッフも順調に増えていった。

こうして、創業当初に目指していた総合コンサルティング企業の岡山版が、小さいながらも実現し始めた。

昭和61（1986）年の蓮室の加入以降、平成4（1992）年には額田信一、加藤珪一、西原哲也、中原富二雄が参加し、いずれも現在まで当社の重要な役割を担ってきた。

アルマ経営研究所としてリスタート

事務所を移転し、新たな気持ちで

平成5（1993）年ごろ、順調な業績を受けて参加者も増加し、事務所が手狭になり始めた。それまでの岡山シーディーアールの事務所も原田の持ち家で、学習塾にするために建てたものだったが、学習塾が閉じたためにそこを事務所にしていた。しかし、大通りから奥まった場所で、二階建てで不便だった。

岡山シーディーアールとして、ある程度時間をかけて一定の成果を上げてきたこともあり、思い切って心機一転でやろうと、事務所移転の話が持ち上がった。

そこで、原田林長が保有する物件で、当時空き事務所になっていた建築会社事務室を使えないかと検討を開始した。

しかし、どうせなら古い建物を改造するのではなく新築ビルにすべきという意見が出て、原田林長に4階建てのビルの新築を依頼することになった。

すると原田はこれを承諾。

「ここにビルを建てるから、二階に事務所を置けばいい」と原田が言い出したとき、メンバーたちは半信半疑だったという。自分が経営する会社を受け入れるために作った、いわゆる原田個人の持ちビルであり、借金返済のリスク負うことになるが、会社が入る2階のほかにも3・4階は賃貸で、1階もコンビニなどに賃貸する収益物件。「家賃で返済できるから」と、ここでも原田はおおらかに構えていた。

平成6（1994）年4月8日、いよいよ地鎮祭に至り、同年10月、岡山市北方に移転が完了。以前は線路脇の民家で、クラブ活動か同好会のような雰囲気の事務所だったが、表通りのビルになったことでお客さんや金融機関、役所にもアピールしやすくなり、以後さらに人員が増加したこともあって来社者は飛躍的に増加した。

表通りに出てきたことは、メンバーにもいい影

完成したアルマ経営研究所事務所（岡山市北方）

アルマビル地鎮祭

響を与え、広々とした事務所でみな張り切って仕事に打ち込んだ。年齢的にもいちばんの働き盛りを迎えて、世間や社会にアピールできるような企業になろうという気持ちが盛り上がっていた。

新社名への変更

事務所移転と同時に、新社名や経営理念の検討を実施した。そのころの岡山シーディーアールのコンサルティングテーマのひとつに「CI」（コーポレート・アイデンティティ）があった。そこで、まずは自社のCIを行おうということで、事務所の移転を機に新社名の決定に取り組んだ。

岡山シーディーアールでは、吉備高原や玉野で年に何度かの合宿を行っていた。ふらっと抜け出ることができない合宿は、会社の重要な事項を決めるには好都合だった。

そこで、平成5（1993）年8月に新社名の検討を行うため吉備高原で合宿を実施した。

社名変更にあたって、代表の原田は自分の意見を出してひとつの方向性をつくることは意図していなかったため、「名前などどうでもいい」という態度であまり口を出さなかった。あくまで共

新社名検討の吉備高原合宿　平成5（1993）年8月

同体にふさわしい形で、みんなで知恵を出し合って採用したいと考えていた。

検討会では、ＣＩを得意としていた蓮室がリーダーシップを取り、社名の意義やキャッチフレーズ、マークの意味なども決めていった。

メンバーがいろんな名前を出し合って、アルマ経営研究所に決定。アルマ（ARMA）とは、Assistant of Regional MAnagement の略で、同社の大きな特徴の一つである「Regional（地域の）」の一語が組み込まれた。

新事務所披露パーティー

同時に決めた理念・スローガン「地域と企業の発展が私たちの願いです」にも、地域と共に歩むコンサルタント会社であるという意識が強く表れている。

このＣＩ会議に参加することで、全メンバーがそれまで以上に組織に入り込んでいくきっかけとなった。

そして平成６（１９９４）

年10月、新生アルマ経営研究所がスタートした。
翌平成7（1995）年には、資本金を1000万円に増資している。

平成6 (1994) 年10月、新生アルマ経営研究所スタートに当たってのメンバー

平成6 (1994) 年10月、アルマ最初の会議

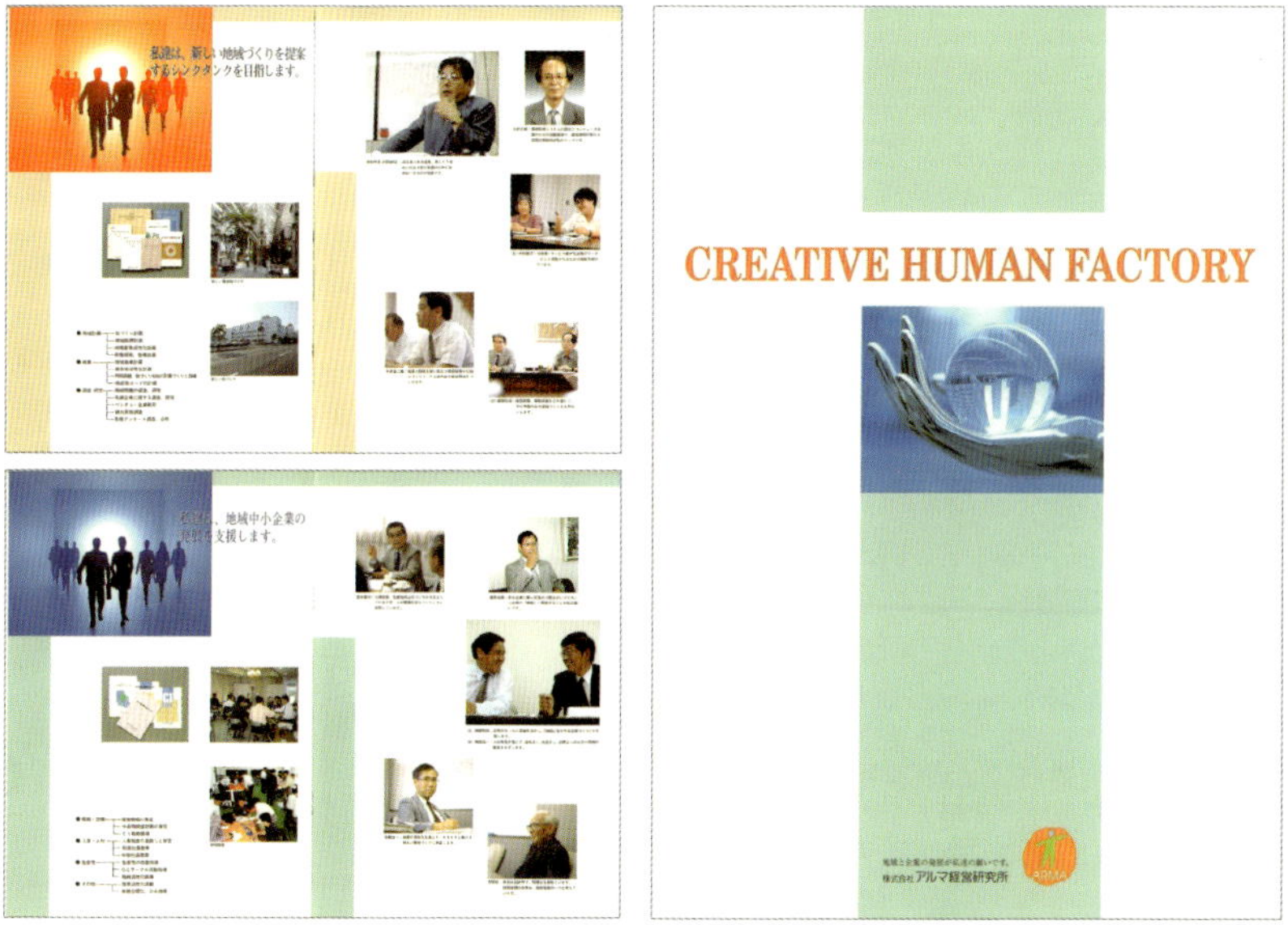

アルマ経営研究所　平成6（1994）年10月制作会社案内

原田林長のあいさつ文

原田林長が産業振興財団へ出向

平成13（2001）年から、原田林長がプロジェクトマネージャーとして産業振興財団へ3年間出向することが決まった。これを機に代表を降り、代わって宮本康司が代表取締役に就任した。

この頃、社内にちょっとした乱れが起こった。助手として見習いに来ていた資格勉強中のインターンが、資格の必要な診断事業に参加してしまったのだ。

本来なら診断レポートを任せることはなかったのだが、このときインターンが作成したものを誤って提出。のちにレポートを作成した者が無資格だったとわかり、指摘されて謝罪するという事態になり、お詫びに苦労した。

また、宮本の手を離れてひとりでコンサルができるようになった若手のメンバーが、会社に内緒で顧客とのコンサル契約を延長してきて、フィーを独占するために個人でこっそりとコンサルを続けていたケースが発覚したこともあった。見つけたらすぐにメンバーから外して縁を切るなど、組織運営のためには厳しくけじめをつけたが、宮本にしてみればイチから教えてようやく独り立ちしたメンバーがそのようにアルマを去るのはやりきれない思いだった。

平成15（2003）年に原田が出向から戻ると、ふたたび代表取締役に就任。平成17（2005）年には病に倒れた妻の看病のため、宮本が取締役を退任している。

額田信一が新代表に、そして谷行治へとバトンタッチ

平成17（2005）年ごろ、月に一度の役員会で、役員の定年を決定した。代表取締役は70歳、取締役65歳、それを過ぎたら留任しないことに決まった。役員任期は2年。社長は最低でも10年はやらないと、という意識から70歳とした。

原田林長に代わる次期社長を検討する段になると、役員会からは「次は額田しかいないよ」と声が上がった。年齢的にもふさわしく、当然それだけの能力があるということで自然と決まった。指名された本人は、最初「うーん、自分がかな、おかしいな」と首をひねっていたが、代案は出てこなかった。

そして平成19（2007）年6月、70歳の定年を迎えた原田が退任、新代表には額田が就任した。

額田が社長になってからは毎年、数字とアクションプランを立てて目標を明確にし、実際に事業計画で実施していくようになった。これは大きな変化だった。

原田林長が社長だった時代は、その大らかな性格が示すとおり、経営戦略や社内規程類はもちろん、入会のルールさえなかった。合宿は単なる放談会に近く、また企業としての広報活動も不活発だった。

そこで、経営戦略や入会ルールを明確化、社内規程も整備。合宿では重要事項を決定し、メルマガやニュース配信、セミナーの定期開催などで広報活動も活発に行うようになってきた。

そして平成27（2015）年6月には額田が退任し、代表取締役を谷行治へとバトンタッチ。新体制がスタートした。

2007年から8年間代表取締役を務めた額田信一

新代表となった谷行治

中小企業にとって欠かせないパートナーへ

地元岡山を中心にコンサルティングの実績を重ね、多方面から頼られる存在になりつつあるアルマ経営研究所。官公庁からの調査案件、一般の中小企業からのコンサル依頼、そしてセミナーでの活躍も増えてきている。

そんな中で、コンサルタントという職業が地域の中で頼られる存在になってきたと実感できる出来事があった。

平成13（2001）年末、マイカルが経営破綻し、狂牛病が流行するなど、経済状況があまり思わしくなかったなか、岡山県庁が業績が低迷している県下の中小企業限定で、経営改善計画をつくる事業を始めた。上限5000万までの信用保証協会の保証をつけた融資を特別に実施するという内容だった。そこで、アルマに所属する診断士が商工会議所の経営指導員とともに多数経営診断に当たった。

このとき、経営指導員とともに企業を訪問し経営診断に当たる中で、中小企業診断士の業務を理解してもらえたと実感できた。

平成14（2002）年の4月ごろから実施された中で、県知事が「中小企業診断士にやらせます」と議会で宣言してくれ、「中小企業診断士」と3回ほど発言してくれたこともうれしかった。そのときまで、「中小企業診断士って何者だ?」とその意味をよく知らなかった人は、県議会議員にもたくさんいたことだろう。

このとき、企業のあいだにも「経営をサポートしてくれる中小企業診断士という人がいる。具体的に話を聞いて、いっしょに計画策定しようとかやってくれる、相談できる人がいるのだ」と知れ渡った。

この事業そのものは、実際に数百万のフィーが得られるような規模のコンサルではなく、もっと小さな規模のものだったが、経営者同士で診断士について話をするチャンスもあり、口コミで診断士の存在が広がっていった。また、経営指導員がコンサルタントのことをよく知るようになったおかげで、声をかけてもらえることも多くなった。

それ以降、アルマからの営業活動も活発化させ、具体的な経営コンサルを依頼される案件が徐々に増えていくことになる。

第四章

理念と行動

この章では、アルマ経営研究所の「理念と行動」にスポットを当てて、この30年間の到達点と新たな時代へ向かう地域の経営コンサルタントとしてのあり方などを見てみよう。

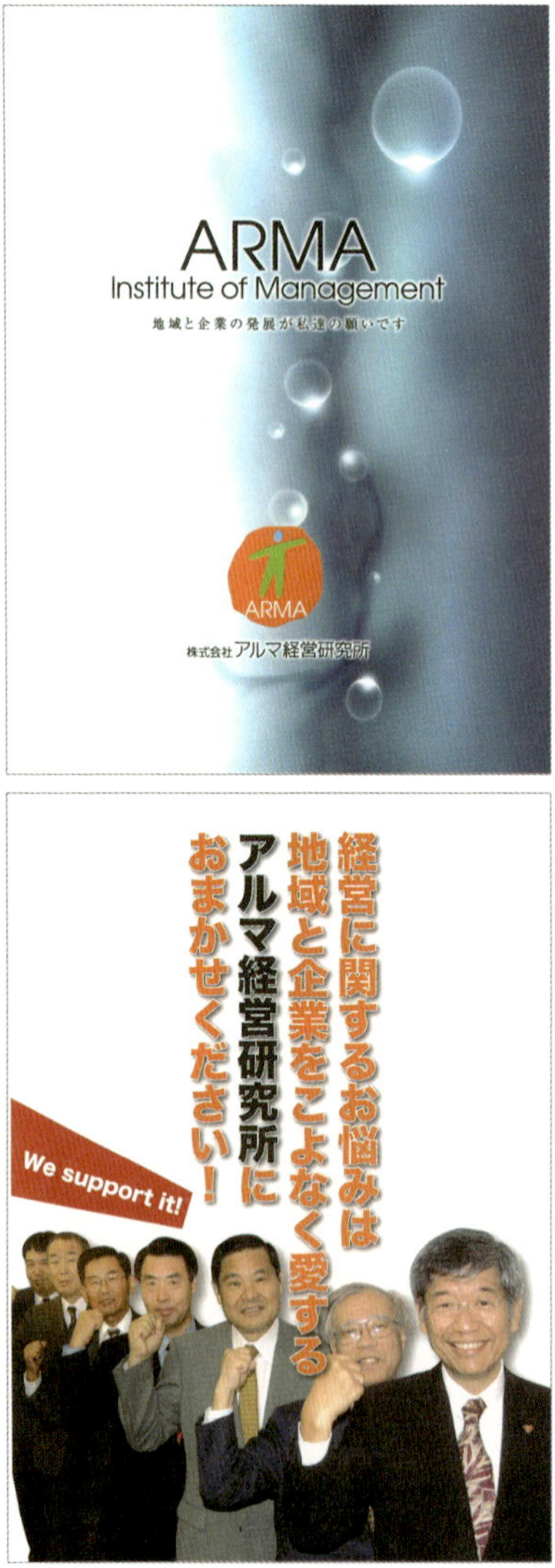

会社案内

「地域と企業の発展が私たちの願いです」をモットーに

前章で紹介したように、昭和59年に創業したアルマ経営研究所は、中小企業診断士を中心としたメンバーが集まった、地域と共に歩むコンサルタント会社だ。「地域と企業の発展が私たちの願いです」をモットーとしており、「人の成長」を基本に据えたコンサルティングを徹底している。その根底には、地域や企業の発展のカギを握るのは「人材の育成」であるという考えがある。

社名のアルマ（ARMA）とは、「Assistant of Regional MAnagement」の略。その名の通り、地域に根ざした組織の経営を支援する専門家チームがアルマ経営研究所なのである。

コンサルティングファームといえば東京・大阪など大都市に事務所を構え、大企業をクライアントに持つような大手コンサルティング会社を想像しがちだが、アルマ経営研究所としては地方の中小企業に焦点を絞り、地域密着での支援をする会社として覚悟を決め、中央の大企業の仕事は守備範囲ではないという姿勢を明確にしている。

仕事の範囲が限定されるという面ではデメリットといえるかもしれない。しかし、アルマ経営研究所の経営方針としては、金額が大きいから大企業にも色気を出すというのではなく、あくまで地元岡山の地域の中小企業のパートナーとして、経営者・従業員たちと手を取り合って一緒に汗をかいて頑張ること。手をつないで一緒に走っていく伴走者としてのコンサルティング活動を目指している。

独立コンサルタントの協同組織

アルマ経営研究所のもっともユニークな点は、さまざまな得意分野を持つ独立コンサルタントが集まった協同組織であることだ。全国でもあまり例を見ない組織形態で、通常の会社とはまったく様相が異なっている。

新たにコンサルタントを募集する場合や、アルマ経営研究所という組織のしくみについて聞かれた時などに渡す説明資料では、「あなたもアルマ経営研究所の仲間として、地域と企業の発展に寄与しませんか？」と呼びかけ、アルマ経営研究所独自の組織のあり方が示されている。

アルマ経営研究所のコンサルタントには、「所属コンサルタント」と「提携コンサルタント」のふたつのコースがあるが、いずれのコンサルタントも一般的な会社のようにアルマ経営研究所が雇用している正社員という形ではなく、それぞれが独立して活動

アルマへの案内

するコンサルタントばかりなのだ。

アルマ経営研究所の代表取締役社長である谷も例外ではなく、谷は「株式会社TMS」という自身の個人事務所（会社）を経営し、そちらでも社長を務めながら、アルマ経営研究所の所属コンサルタントとして活動している。

所属コンサルタントは、アルマ経営研究所「専業」でコンサルを行うメンバーだ。弁理士など他に専業のある場合は「提携コンサルタント」として参加してもらうことになる。提携コンサルタントであれば役員の同意があればなることができるが、所属コンサルタントになるにはいくつかの手順が必要となる。

ひとつは、アルマ経営研究所の経営理念に同意すること。そして、月曜の定例ミーティングへ出席し、三カ月間のお見合いを経て役員会で同意が得られれば、業務委託基本契約書を交わして所属コンサルタントとなる。

所属コンサルタントには、アルマ経営研究所の名刺と事務所の諸機能を利用できるほか、資料やフォーマットを共有して使え、事務スタッフに業務を依頼することもできる。共同で営業活動に参加し、コンサルティングノウハウをメンバーと共有、「知的な刺激」があり、「最新情報」が飛び交う事務所に集うことで、自身のコンサルティング能力をより高めることができる。

その見返りとして、所属コンサルタントは月額の固定費と、自身のコンサルティング業務による売上高の一定割合を事務所費として支払う。

こうした独自のシステムのもと、「自分の食い扶持は自分で確保する」というスピリットで各コンサルタントがそれぞれの業務に当たっている。

アルマ経営研究所では毎年5月に会議で話し合って経営指針書をつくるが、会社としての基本的な考え方や心構え、システムなどがその指針書には明示されている。

共同体のメリット

他府県の中小企業診断士たちからも珍しがられるこの組織の仕組みは、全国でも稀なかたちだが、そのメリットは一体どこにあるのか。

一般的なコンサルティング会社では、多くは一人親方で会社を運営しているケースか、あるいは大きな会社でコンサルタントを社員として雇っている場合が多い。

一方、アルマ経営研究所の場合、独立コンサルタントの共同体であるため、各人がそれぞれの得意分野を活かして案件に当たり、場合によっては複数のコンサルタントが共同して一つの案件に取りかかることもできる。

そのため、個人営業のコンサルタントと比べて業務の幅が広く、専門性の高いサービスが提供できるというメリットがある。また、経営コンサルティング機能だけではなく、ひとりではできない大規模な調査研究などのシンクタンク機能も兼ね備えることができ、県や市といった官公庁から依頼される案件も多く手がけている。

さらに、大手コンサルティング会社と比べて小回りが利き、地域密着型で現場に則したサービスが提供できる点も、「地域に根ざした活動」「地域の活性化」という使命を全うすることにつながっている。

岡山という地域に軸足を置き、各分野の専門家が互いに「個人を尊重」し、同時にアルマという「集団へ貢献」を両立させることで、この会社を成り立たせている。

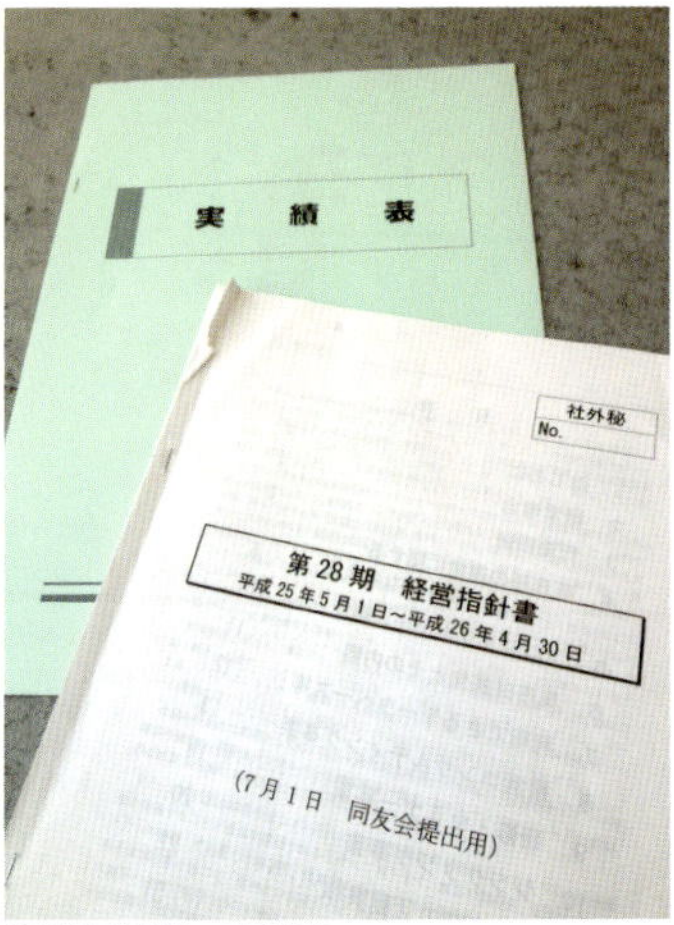

経営指針書・実績表

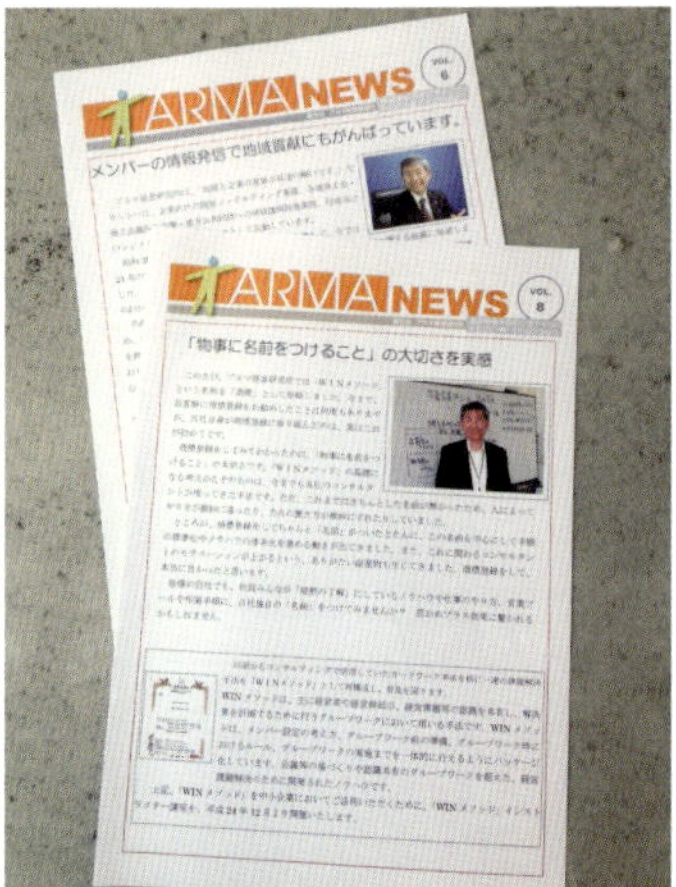

アルマ経営研究所ニュース

アルマ経営研究所の三つの柱

アルマ経営研究所では、「経営コンサルティング事業」「研修・セミナー事業」「シンクタンク事業」の三つを柱として取り組んでいる。

現在も案件の多くを占めているのが経営コンサルティング事業で、経営戦略・経営計画策定、人材育成・人事制度、組織活性化、事業承継支援、販売促進・営業開拓、品質向上・原価低減、生産現場改善、研究開発支援、情報化支援、ＩＳＯ認証取得・内部監査支援、海外進出支援などがあり、それぞれに強みを持つメンバーが対応に当たっている。

研修・セミナー事業には、新入社員研修、管理者研修、幹部社員研修、ＩＳＯ研修、人事評価研修、創業塾・社長塾、営業マン研修、コーチング研修、ファシリテーション研修、ケーススタディ研修などを実施している。

また、アンケート調査、実態調査・動態調査、意識調査・ニーズ調査、ビジョン策定、アクションプラン作成といったシンクタンク事業も、創業時から数多くの実績を積み重ねてきており、県や市といった官公庁からの依頼も少なくない。

三本柱の一つ、研修・セミナー事業について、他社と共同で取り組み、受講者のニーズに応えているケースをいくつか見てみよう。

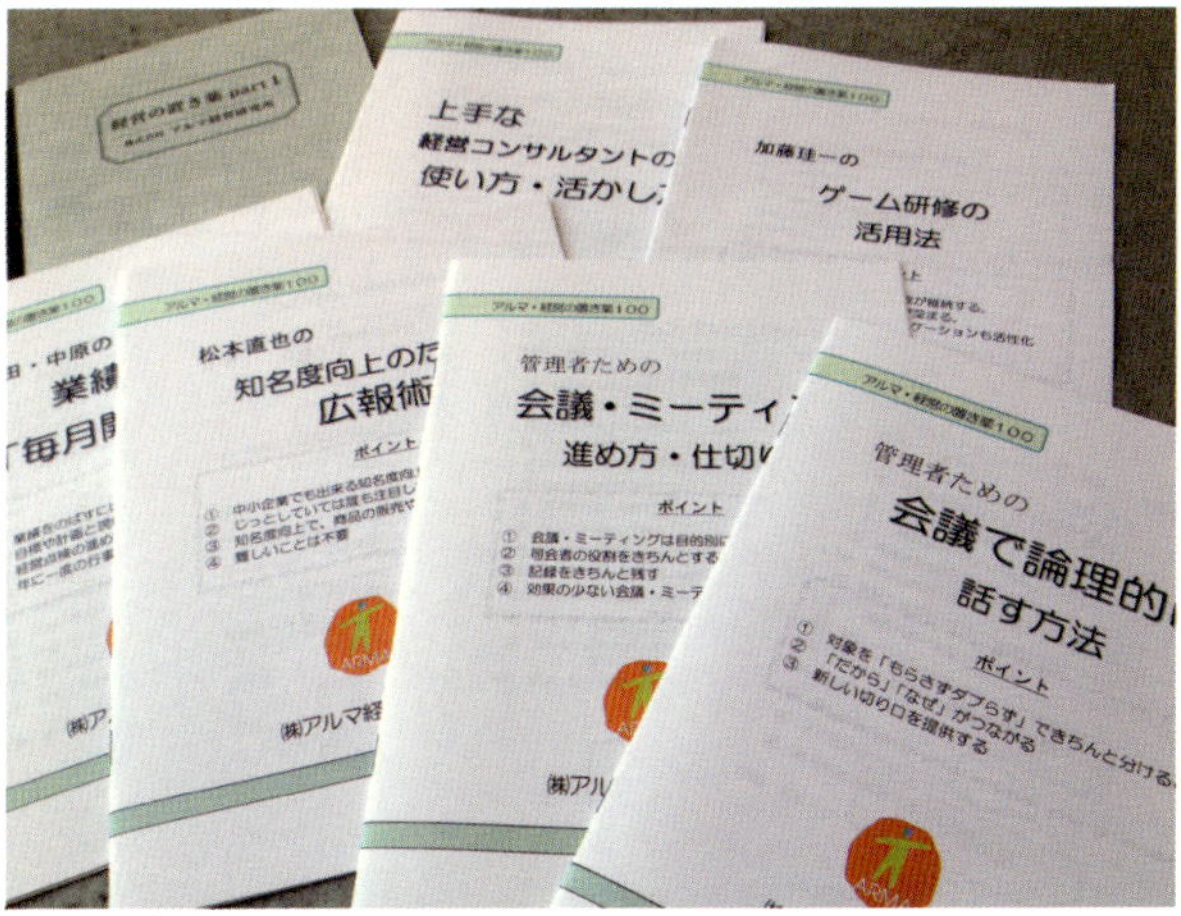

ノウハウ提供のための小冊子

レベルの高いセミナーが好評……サクラ保険事務所・片岡健夫

平成5（1993）年、銀行員だった父親の片岡伸夫（現代表取締役会長）が法人向けに開業したのが株式会社サクラ保険事務所だ。

生命保険会社の代理店として、税会計事務所・経営コンサルタント事務所等と連携し、岡山県内だけでなく、中国・四国・関西など約400法人に企業保険を活用した企業防衛対策・退職金準備・事業承継対策・相続対策・資産運用を柱とした企業コンサルティング事業に取り組んでいる（同社ホームページより）。

開業当初は銀行など金融機関からの紹介で顧客数を伸ばしていった。

片岡健夫が同社に入社したのは7年前。33歳の時だ。片岡は大学、大学院と建築・土木を学び、そのキャリアを積んでいた。

建設の世界から企業保険の営業マンへ。まったく違う世界への転身だった。

入社1年目、父親について顧客を回った。しかし、1度は会ってくれた顧客も、2度目、3度目は父親がいなければ「忙しい」「時間がない」を理由に会ってくれない。

「なぜだろうと考えたのですが、考えてみれば当たり前。会っても父のように経営の話ができる訳ではない。ですから、経営の話ができるようにならなければならないと痛感しました」

事務所には、総勢10人のスタッフがいる。営業担当者は5人。毎月の営業成績を示す資料を見ると、自分がまったく戦力になっていないことが明らかになる。「いわゆる〈赤字社員〉です。正面切っては何も言われませんが、力のなさは自分でいちばんよくわかっていました」と当時を振り返る。

金融機関からの紹介で顧客数を増やしてきたサクラ保険事務所だが、その金融機関が保険を取り扱うようになり、新しい顧客の開拓をどうするか、事務所の大きな課題となった。

銀行からの紹介はなくなったが、税理士事務所からの紹介で新規開拓の道が開けた。これが一つの柱に。もう一つの柱をと、片岡が考えたのが専門家によるセミナーの開催だった。

「共同セミナーが大きな力になった」と話す片岡

入社して間もなく、片岡は岡山県中小企業家同友会に入会した。父親のすすめだった。経営の勉強になればいい。それにいろんな企業家との接点ができることも、きっとプラスになるだろう。

同友会の活動に熱心に取り組んだ。

同友会の活動で顔見知りになったアルマ経営研究所の額田に、専門家セミナーの構想を相談した。

「当時額田さんは岡山県の中小企業診断協会の代表をされていたと思います。そんな方に僕のような若造が声をかけられるような訳がなかったのですが、とても優しくて気さくな方だったので、思い切って話しました」

と、「じゃあ共同でセミナーをやってみましょう」と話は進んだ。

アルマ経営研究所には経営に関するさまざまな分野の専門家がいる。しかもそれぞれの専門家のレベルも高い。サクラ保険事務所のことは知らない人は多いが、アルマ経営研究所のことは知っている人は多く、知名度も高い。サクラ保険事務所1社では難しいセミナーもアルマ経営研究所と共同で開催することで、お客様にも喜ばれる内容になる。

第1回は「中小企業の海外展開入門」を２０１４年の4月21日に、第2回は「中小企業の知的財産入門」を同年7月15日に開催した。

保険とはかけ離れた内容だったが、地元の経営者には興味を引く内容だったこともあり、十数名の参加があった。

「企業訪問していて思うのは、経営者、特に中小企業の経営者にとっていちばん関心があるのが、事業の継続です。1時間話していてもそのうち50分はそんな経営に関するお話です。新規事業についてとか、市場エリアの拡大など、機会があれば専門家の意見を聞いてみたい——そういったニーズは強く感じます。だからこそ、こういったセミナーはありがたがられるのではないでしょうか。どの企業も保険代理店とのお付き合いがあります。そこに割って入るのは正直簡単ではあ

共同セミナーのパンフレット

法人資産対策をテーマにしたオーナー経営者向けの共同セミナーの様子

りません。でも、セミナーなどお客様にとって役に立つことができ、お客様が喜んでくだされば、いつか仕事にはね返ってくると思います。そういう意味でアルマ経営研究所と共同でセミナーできるようになったことは、サクラ保険にとっても大きな力を得たことになりました」

アルマ経営研究所との共同セミナーが実現したことで営業の一つの柱ができた。サクラ保険にとって、新規の顧客獲得の手がかりがつかめた大きな成果だ。

共同セミナーの意図とその成果……サンキョウ－エンビックス・有松社長

環境コンサルタントのサンキョウ－エンビックスの有松修一社長は、岡山県中小企業家同友会の活動でアルマの額田や中原と知り合い、そのつきあいは長いという。ちょうど有松氏が社長になった頃、社内改革についてアルマに相談。1年間にわたって中原からいろんなアドバイスを受けながら、理念づくりや社名変更、会社のビジョン策定などを進めていった。

2004年に新社屋を建てることになり、それを契機に社名と理念などすべて一新した。こうした改革を有松が主導していくと、社長が決めたことになってしまうので、アルマ経営研究所が中に入ることで、社員からの意見を吸い上げ、その意見をまとめる形で、社員と一緒になって将来ビジョンを作ったという。「それがいいことだったと思います。10年たった今も、そのときのやり方、経験は、理念とともに今の会社に生きています」と有松は振り返る。さらに詳しく紹介しよう。

気軽に色々と相談できる相手……有松の話

経営者が思っていることは、なかなか社員に理解できないことも多いでしょう。「これをやる」といっても、なぜそうやるのかのプロセスが見えない。なんのためにやるかがわからないと身が入らない。社長が言っているからやる、というのでは意味がない。アルマさんには社内改革をするうえでビジョンがどういうものか、こうするためにこうやるんだよ、と理論づけてうまく説明していただけた。

以来、ビジョンのもとに、経営指針書で目指す姿をまとめている。これがないと目先のことばかりにとらわれがちなので。この10年うまくやってこれました。今は当時の経験を生かして、新しい10年後のビジョンを自分たちでつくっているところ。プロジェクトチームをつくり、時折全体会議をして意見をまとめる、というくり返し。こういった手法もアルマさんから学んだことです。

生産性改善のための調査依頼をしたこともありました。現状把握です。そのやり方もわからなかったので学ばせていただくつもりで、3日ぐらい来ていただき調査していただきました。どこに無駄があるかをあぶりだしてもらったんです。どこをどうすれば効果的かが、ピンポイントでわかりました。えっと思うようなことも。例えば一日の業務の中でコミュニケーションや移動回数が多くて、主業務をやっている時間が思っていたよりも随分少ないというデータを見たときにはびっくりしました。なぜコミュニケーションや移動がこれだけ多いのか、それを短縮するにはどうするかなど精査していく。そこから先は我々自身が考えなければいけないのですが……。

「たくさんの手法を学んだ」と話す有松社長

3Sについて。整理整頓清掃。これをなんとかしたくて。異業種の方（サンコー印刷、ダイヤ工業、旭東病院）と4社で、相互に訪問しながら進めています。額田さんにコーディネートしてもらったことが大きいですね。額田さんには、それまで幹部を育てる勉強会の講師をずっとしていただいていた。その卒業式で、「3Sできてる?」という話になり、一緒にと誘ったらやろうとなった。いま（2015年2月）、やり始めてちょうど3年目が終わるところ。外部の人が入ってきてチェックしてもらえるというのは非常に刺激的で、かなり改善が進みました。こちらから訪問するのも刺激的だった。改善が思うように進まない倉庫の中や廃棄物置き場までチェックして回る。おかげで3Sが劇的に進み、社員も3Sには自信が持てるようになり、お客様を積極的に会社に招くようになっています。

今月から、人事評価制度。去年一年はプロジェクトチームをつくってディスカッションした。人事制度の方向性だけは自分たちで決めて、そこからのコンサルティングを中原さんにお願いしていろんなアイディアをだしてもらっています。社員教育を兼ねて、プロジェクトメンバーも育てていただいています。

共同セミナーを通じてより身近な関係へ

当社は新しい分野の環境コンサルを始めています。ＬＣＡ（ライフサイクルアセスメント）の手法を使ったＣＦＰ（カーボンフットプリント）やＭＦＣＡ（マテリアルフローコスト会計）です。これらは省エネや省資源に繋がる取り組みであり、戦略的な改善活動ができ、より効果的な環境負荷低減やコストダウンができるというものですが、まだまだビジネスになっていません。担当社員が勉強して中央にも認められる技術を身に付けてきた。でもなかなかうまくいかない。去年、アンケートを実施して反応を見たところ、１~２件しか反応がなかった。

現在実施しているセミナーに来ているのはお客様企業の環境の担当者。でも、これらの新ビジネスについては、導入などを経営者が決めることで、担当者レベルではどうにもならない問題。新技術のコンサルティングだけを進めるのは無理で、どうしても人事制度や戦略的なことが絡まってきます。そこで、経営者向けにセミナーをできればと考えた。人事制度や社員教育といった問題はうちではできないので、ここはアルマさんに相談しようということになったのです。

アルマさんとうちとで組めば、環境に関わることについてある程度いろんなコンサルティングワークを提供できる。環境コンサルから入っていって、じゃあ社員教育からやりましょう、という提案をうちからもできるようになる。一緒になることで幅広い仕事につながるのではないかと思って始めたわけです。ただ、現状は受講生が毎回数人と少なく、また経営者の参加もごく一部でした。認知度の低い分野なので根気よくやっていくしかないです。

私どもは社員教育や戦略的な何かといわれると尻込みしてしまうが、アルマさんがいればちょっと打ち合わせしませんか、といえる。お互いに紹介したりしていただいたり、非常にいい関係ができている。額田さんも中原さんも岡山県中小企業家同友会の仲間ですし。同友会を通じて知り合った関係も多い。

成果としては、まだまだこれから。言葉も難しく馴染みもないので取っ付きにくいのですが、ビジネスの方向性は間違ってないと思っています。CFPは原料調達から製造・消費・廃棄に至までのCO_2排出量を製品に表示する仕組みで、CO_2の削減だけでなく他社製品との差別化にもつながりますし、MFCAは同様に全ての工程の無駄を量とコストで見える化するものですので企業全体の改善に繋がっていきます。無駄が見える化されると経営者はその多さにきっと驚かれると思います。

アルマさんにはいつもいろんなことでご相談しています。仕事につながらないものもたくさんあるのですが。身近な存在で、とても心強く思っています。我々はチャレンジャーなので、いろんなことをやるなかでつまずくことがいっぱいあって、そんなときに相談できます。ヒントをいただけたり、いろんな専門の方がいらっしゃるので、社内のこと、ビジネスのこと幅広く対応いただける。経営をしているといろんな悩みがたくさんありますからね。助かっています。

共同のセミナーをやることになり、打ち合わせをしたりする中でいい関係ができてきました。我々にとっては、細かいところまでプロのやり方を学べて勉強になります。プレゼンテーションの仕方や、まとめ方のノウハウなど。発表で言いたいことを伝えるための様式を与えてもらえたりする。うちは技術屋集団ですから、セミナー講師など苦手で、難しいことと思っていました。でも、おかげでずいぶん慣れてきました。

共同セミナーに参加してみた

2015年2月2日 15：00～
環境経営「入門」セミナー
第6回テーマ「環境関連の補助金・助成金の概要」
・補助金全般について（松本）
・補助金申請書の書き方について（大西）

環境関連の補助金・助成金をテーマにした共同セミナー

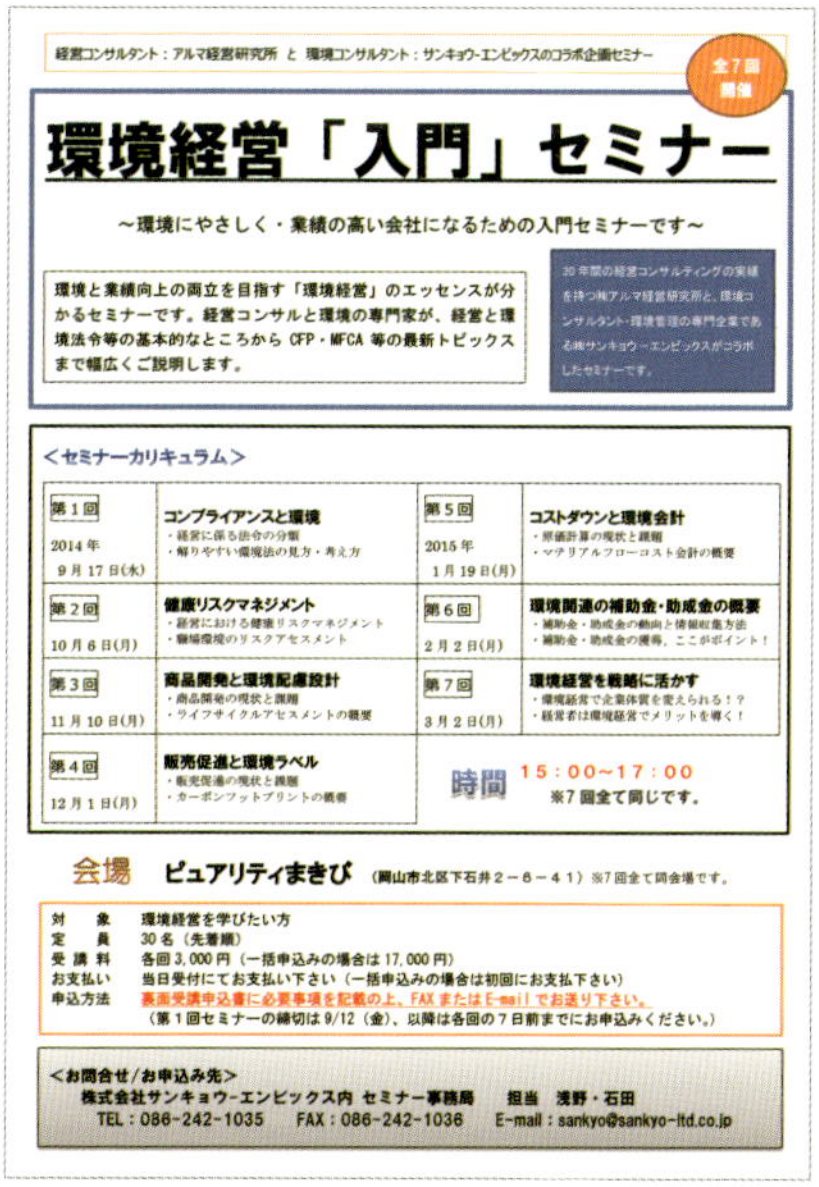

経営コンサルタント：アルマ経営研究所 と 環境コンサルタント：サンキョウ-エンビックスのコラボ企画セミナー

全7回開催

環境経営「入門」セミナー

～環境にやさしく・業績の高い会社になるための入門セミナーです～

環境と業績向上の両立を目指す「環境経営」のエッセンスが分かるセミナーです。経営コンサルと環境の専門家が、経営と環境法令等の基本的なところから CFP・MFCA 等の最新トピックスまで幅広くご説明します。

30 年間の経営コンサルティングの実績を持つ㈱アルマ経営研究所と、環境コンサルタント・環境管理の専門企業である㈱サンキョウ－エンビックスがコラボしたセミナーです。

＜セミナーカリキュラム＞

第1回 2014 年 9 月 17 日(水)	**コンプライアンスと環境** ・経営に係る法令の分類 ・解りやすい環境法の見方・考え方	第5回 2015 年 1 月 19 日(月)	**コストダウンと環境会計** ・原価計算の現状と課題 ・マテリアルフローコスト会計の概要
第2回 10 月 6 日(月)	**健康リスクマネジメント** ・経営における健康リスクマネジメント ・職場環境のリスクアセスメント	第6回 2 月 2 日(月)	**環境関連の補助金・助成金の概要** ・補助金・助成金の動向と情報収集方法 ・補助金・助成金の獲得、ここがポイント！
第3回 11 月 10 日(月)	**商品開発と環境配慮設計** ・商品開発の現状と課題 ・ライフサイクルアセスメントの概要	第7回 3 月 2 日(月)	**環境経営を戦略に活かす** ・環境経営で企業体質を変えられる！？ ・経営者は環境経営でメリットを導く！
第4回 12 月 1 日(月)	**販売促進と環境ラベル** ・販売促進の現状と課題 ・カーボンフットプリントの概要	時間	15：00～17：00 ※7 回全て同じです。

会場　ピュアリティまきび（岡山市北区下石井２－６－４１）※7 回全て同会場です。

対　象　環境経営を学びたい方
定　員　30 名（先着順）
受講料　各回 3,000 円（一括申込みの場合は 17,000 円）
お支払い　当日受付にてお支払い下さい（一括申込みの場合は初回にお支払下さい）
申込方法　裏面受講申込書に必要事項を記載の上、FAX または E-mail でお送り下さい。
（第 1 回セミナーの締切は 9/12（金）、以降は各回の 7 日前までにお申込みください。）

＜お問合せ/お申込み先＞
株式会社サンキョウ-エンビックス内 セミナー事務局　担当　浅野・石田
TEL：086-242-1035　FAX：086-242-1036　E-mail：sankyo@sankyo-ltd.co.jp

環境経営「入門」セミナーは全７回開催

まずは松本が、補助金とはどんなものか、具体的な例を挙げながら説明。松本らしく冗談を交えて、おもしろおかしく解説する場面も。

・補助金にはどんなものがあるか、補助金の分類について（国から、団体・組合から、商工会・財団から）
・補助金の額について
・公募要項をチェックしておくことが大切　など

補助金申請では、自社でどんな設備が必要で、どんな取り組みをし、そのためにどんな人材がいるかを、きちんと資料にまとめて応募しなければならないことを説明。

応募についての注意点を紹介。
・公募の発表から3日くらいすると、書き方・Q&Aなどがでてくる
・たとえば設備を購入する場合は、申請は必ず買う前にしなければならない　など

申請のためのポイントを解説。
・公募期間は2〜3週間しかないため事前に準備を

・「○○について記載すること」などの注意書きを守るべし　など

申請書の作成ポイント解説。
・相手が望んでいることを理解して書く
・環境の取り組みが地方創生につながる、といった大義名分があるとよい　など

10分の休憩をはさんで、後半は大西が補助金獲得のための申請書の作成ポイントについて解説。
・募集要項に忠実に
・最初に全体の構成（骨組み）、ストーリー展開を決める
・文字だけでなく、写真・図表などで視覚的な表現を心がける
・設備導入の効果などは、グラフなどとあわせて数字を使って表現する
・重要箇所は太字にするなど強調してメリハリをもたせる
・目的とゴールを意識しながら情報リサーチを

そのほか、審査員の立場で考えてつくる、業界用語を使わないといったポイントを一つひとつ丁寧に解説。最後に、ものづくり補助金を参考に事例紹介。実際の申請書の内容を見ながらポイントをおさえていった。

今回はプロジェクタを使わず、資料と板書でセミナーを進めた。参加者はみな真剣な表情で解説に聞き入っている様子だった。

補助金全般について解説する松本

補助金申請書の書き方について説明する大西

第五章

自立と協働——アルマ経営研究所の未来

「地域と企業の発展が私たちの願いです」――アルマ経営研究所が掲げる理念のもとで、同社が地域でどんな役割を果たし、どんな活動をしてきたかをみてきた。その成り立ちの歴史や所属するコンサルタントそれぞれが独立した存在であることなど、組織としてのユニークさ、魅力があることはいうまでもないが、大切なのは、アルマ経営研究所を支える一人ひとりの資質や能力、そして地域への思いなのかもしれない。

加速度的に進む地方の人口減少、「地方創生」のもとに進められる数々の施策……地域経済の変化の速度が速くなっている今、これからの経営コンサルタント、そしてアルマ経営研究所がどういう方向に進んでいくのか、そしてそれを支える新しいコンサルタント像とはどんなものなのか、ベテランから若手まで、次世代を担う人たちの話を聞いてみた。

大阪から観光専門のプロフェショナル……加藤弘治

大阪、合同会社観光ビジネス研究会の代表社員である加藤弘治。観光振興による地域活性化や観光ビジネスの支援を専門とするコンサルタントだ。観光ビジネス研究会には中小企業診断士15人のメンバーがおり、その中心的な役割を果たす。

加藤は、かつては旅行会社で海外旅行企画やツアーコンダクターの豊富な経験があり、世界中のさまざまな国や地域を知っていくなかで、日本の中では岡山という土地の住みやすさに気づき、いずれは移住したいと考えるようになっていった。

社団法人中小企業診断協会の本部理事をしていたことから、岡山で理事をしていた額田のことは知っており、中小企業診断士の実務補習を指導した岡山の受講生からアルマ経営研究所のことを聞くこともあった。

「岡山でのコンサルティングの状況について知りたい」と額田に連絡をとったところ、じっくり話を聞いてくれ、岡山の現状についてていねいに教えても

大阪から足を運ぶ加藤弘治

らえた。このことがきっかけになり、ぜひ協力したいと思ったという。

「アルマ経営研究所はベテランが多く、製造業の専門家が多いという印象。そこへ自分の得意とする観光ビジネスのコンサルティングを持ち込むことで、アルマ経営研究所に新たな分野を生むことができるのではないか」と加藤は考えた。そこでアルマ経営研究所と提携し、岡山でのコンサル事業を組み立てようと踏み出した。平成24年のことだった。

観光資源に可能性を感じ

加藤の話を続けよう。

「岡山は気候もよく自然が豊富で、水も食べ物も美味しい。鉄道も便利で、徒歩でも動きやすい街。謙虚で理解力の高い方が多いのも好印象。年齢が高くなってから住むにはよい場所だと思っているくらいです。地方都市には、観光資源が埋もれたままになっている部分がたくさんあります。特に岡山の観光産業は、日本でもワースト5に入る低迷ぶりで、努力不足。だからこそ、自分のもつ観光振興や観光ビジネスについてのスキルを大きく発揮できる可能性がある土地だと。地域活性の仕事のフィールドとして、これほどやりがいにあふれたところはないです。アルマ経営研究所の提携専門家として今後、開拓していくのが楽しみです」

加藤は、関西圏を中心に進めてきた地域の観光ブランドづくりを進めるための戦略を、岡山でも推進したいと考えている。

また、「瀬戸内ブランド推進サポーター」として、瀬戸内の魅力を発信しようとしており、地方創生の助成金など活用し、自治体等も巻き込んだ地域づくりに力を入れている。

加藤は、アルマ経営研究所に期待することとして、「岡山の地域に根ざしてきた経験と実績があり、岡山のことに詳しいというのがまず一番。わたしに足りない部分を補ってもらえる。そこがもっとも魅力。地味だけれども、地元でしっかりと着実に積み上げてきたものをもっている印象。診断士の方はみな高いスキルをお持ちの方ばかり。豊富な情報でフォローいただける。その岡山のリソースを借りて、観光コンサルティングを開拓していきたい」と期待を寄せている。

代表を務める観光ビジネス研究会は合同会社（LLP）。これはアルマの組織に似ているところがある。一般の命令系統ではない組織づくりにおいて、アルマがつくった規約なども参考になる。仕事や情報の共有の仕方にも、大人の付き合いをする仲間、という雰囲気があって良い。メンバーの力をフルに発揮するための組織になっている。

観光ビジネスのすそ野は77分野にも及ぶ。産業分野として明確に区分されているわけではないのでその全体像は見えにくくなっているが、岡山という地域とアルマ経営研究所の存在に将来性を感じている。

香川から参加する……大西啓介

香川県を拠点に活動している大西啓介は、平成27（2015）年3月から正式にアルマ経営研究所の所属コンサルタントとしてスタートした。

東京での学生時代からアルバイトで世話になっていたコンサルタント会社に、大学卒業後に就職。とはいえ、就職先としてコンサルタントにこだわっていたわけではなく、日経新聞に載っていた記事をみて、おもしろそうな会社だと思いアプローチした。

香川の実家は、食材の卸、カラオケ、不動産の3つの事業を手がけている。人手が足りなくなったのを機に実家へ戻った。食材卸の部門を8年ほど担当した後、縁あって、地域力連携拠点という国の中小企業支援事業に活動の場を得て、、合計2年勤めた。その後、行政書士の資格を取得した。

アルマ経営研究所に入るきっかけ

行政書士として仕事をはじめ、去年（2014年）、補助金の申請を2件手がけた。案件としては2件とも採択になりお客様にも喜んでいただいたが、今後本格的に補助金申請業務を行うに当たってはいくつかの課題があった。

そんなとき、たまたま父親の知り合いを通じて額田を紹介してもらった。アルマ経営研究所は香川県でも既に知られた存在だったため、ぜひ話を聞かせてもらえないかと額田を訪ねて、いろいろとアドバイスをもらった。

行政書士として補助金関連業務を行う大西啓介

その際にアルマ経営研究所の定例会議でゲストスピーチをする機会があると額田から聞かされ、大西は「ぜひやらせてください」と即答し、日取りが2014年12月1日に決まった。それが額田以外のアルマ経営研究所のメンバーとの出会いであったが、その温かい雰囲気に感銘を受けた。

アルマ経営研究所は補助金申請を多く手がけており案件が豊富だったため、自分も参画させてもらいたいという思いを強く抱いた。

香川から瀬戸内海を越えて岡山へ通うようになり、その後、アルマ経営研究所のメンバーになるためのお見合い期間に入り、3月から正式メンバーとなった。

若手から見たアルマ経営研究所

「コンサルタントといえば、我の強い人が多いイメージを持っていましたが、額田先生をはじめアルマ経営研究所の先生方は全然違っていました。みなさん確かな実績と実力をお持ちでありながら、どの先生も謙虚でいらっしゃることに驚きました。

また、若い人を育てようという雰囲気が強くあったことも驚きでした。まだ数カ月くらいですが、積極的に皆さんからお声がけいただいて、ぽつんと孤立するようなこともありません。市さんなど、若手の方がいらっしゃるのもありがたいです」と、すっかりアルマ経営研究所の雰囲気にとけ込んだようだ。

先輩が後輩を育てる文化が根づいている

行政書士としては昨年（２０１４年）の春に開業したばかりで、これからというところ。アルマ経営研究所の場合は、固定給があるわけではないが、メンバー全員が自分のノウハウを囲い込むことなくすべてオープンにする風土と、先輩が後輩を育てる文化が根づいている。それがアルマ経営研究所に入るいちばん大きな決め手だったようだ。

香川の案件があれば自分が担当するなど、岡山と香川の双方で活躍していきたいと、大西は今後の将来像を描く。

「アルマにはたくさんの価値あるノウハウが財産として眠っているように思います。もし私が企業から相談を受けた場合でも、アルマにはさまざまな得意分野を持った先生方がいらっしゃるため、企業経営に関するほとんどのテーマについて支援ができるという自信と安心感があります。行政書士という資格で企業経営の支援を展開する事例は多くはありませんが、アルマに所属することで行政書士だからこそできる企業支援の形も見えてくるのではないかと期待しています」

ぬくもり、温かさを感じて

大西には、もう一つ個人的な思いがある。

香川県は知的障がい者の雇用の形態でモデルとなるほど全国でも注目されている。そういう土壌がある。そうした仕事をされている方に話を聞いたり、知的障がい者をあずかる放課後等デイサービスの現場に3カ月ほど入らせてもらったことも。これからの障がい者雇用は福祉という発想ではなく、会社が戦略的に「我が社のためにこの人がほしい」と雇用を進めていく、そういうことが広がっていくのではないか。そういう分野に関わっていけたらというものだ。

また、大西は自身が父親の経営する会社の後継者として実家に帰ったという経験があるだけに、事業承継の難しさを知っている。新人でありながら経営者の息子（後継者）でもあるという立場に戸惑いを感じ、父親（社長）との間に大きな溝をつくってしまった時期が長く続いた。そんなとき、ある人からのアドバイスでコミュニケーションを回復していった。そういう経緯もあるので、事業継承も取り組みたいテーマの一つだ。

大西は、アルマ経営研究所に関わるようになって、組織の良さを実感している。アルマ経営研究所には若手を育てていくという風土、育てるための土壌がある。そしてまた、各コンサルタントが自立しつつも、互いに協同しようという意識が根底に流れている。そこにはコンサルタントとして自ら立つという厳しさの中にも、何ともいえない優しさがある。

大西が感じるぬくもり、温かさは、アルマ経営研究所が30年間の歴史のなかで積み重なり醸成された、大きな財産なのかもしれない。

未来を描ける組織……市拓郎

もう一人若手コンサルタントの話を聞いてみよう。平成25（2013）年12月に、大西と同じ3カ月間の見習い期間を経てアルマ経営研究所の所属コンサルタントに仲間入りした市拓郎（33歳）だ。年齢も若く、コンサルタントとしてのキャリアも浅い市だが、経営コンサルタントという仕事をシビアに見つめる目と、思っていることをはっきりと口にするスタイルに、先輩コンサルタントたちからも一目置かれている。

アルマ経営研究所での1年半

—アルマ経営研究所の所属コンサルタントになったのはいつですか？

市　2013年の12月に、お見合い期間の3カ月が終わって正式に入りました。生まれは昭和57年7月4日。今年33歳になります。

—それまではサラリーマン生活を？

市拓郎

市　はい、そうです。語学留学の経験があるので、海外に携われる仕事ができたらなと思い、海外物流の会社で輸出入のコーディネートの仕事をしていました。その後の医療機器の製造販売業では、フィリピン工場とのやりとりなどを経験しました。英語を勉強して、物を動かす貿易をして、今度は医療機器メーカーで実際に輸出入をしたという流れです。

―経営コンサルタントを自分の人生の選択肢の中に入れたのはなぜ？

市　そんなに明確な出来事があったかというと特にないのですけれど、私はサラリーマン時代に中小企業診断士の勉強をスタートしまして、学んでいた資格専門学校の先生方というのが、アルマ経営研究所の松本や水川だったのです。そこで話をしていくうちに、世の中にはこんな会社があるんだと業界に興味がわいてきました。以前から独立をしたいという気持ちは特別なくて、あれよあれよという間に気づいたらアルマで独立していたというような感じです。私自身独身ですし、身動きが取りやすかったのと、初期投資がゼロというのに背中を押されました。

―なるほど。でも「中小企業診断士」の勉強をしようと思ったのはなぜですか。

市　診断士を取ろうと選択したのは、経営のことをもっと勉強したいと思ったのがいちばんの理由です。簿記などは以前にいくつか取っていたのですけれど、もう一つ上のレベルを目指す必要があると思い、診断士を選びました。

毎日が新鮮な経験

―3カ月間の研修（お見合い）期間の間、実際に見てみてどんなことを考えました？

市　先輩方のお仕事のお手伝いだとか、一緒に同行して実際にどんなことをしているかを体験するなかで、「おもしろいな」、「斬新だな」、「こんなことがあるんだな」と感じました。3カ月の間にそれぞれの先生方といろいろな会社を訪問しました。会社ごとに悩みやテーマも違いますので、今まで意識してきたことがないような分野がたくさんあることに気づきました。この1年半はその刺激もどんどん強くなってきて、見るもの聞くものすべてが目新しいといったところですね。

――それまでのサラリーマンで営業先に行ったりするのとはちょっと違った世界がそこにあったと。

市　話す相手が全員経営者の方なので、基本的に経営判断の話になります。最初は全くわからず、話のレベルが違うなと痛感しました。また出会う方の中には金融関係の方や行政の方など、やはりサラリーマン時代にはお会いする機会が少ない業種の方が多いので、たいへん刺激的ですね。外国の言葉じゃないのに、何を言っているのかわからないわけですから（笑）。

――そこにやっぱり、おもしろさみたいなものを感じられたんでしょうか。

市　はい。もう少し深くやりたいと思いました。「ああ、もう嫌だ」というのではなくて、「おいおい、もう少し教えてくれよ」というような感じですね。

――実際にやってみていろいろ学んだこともあると思うんですけれど、何が自分にとっていちばん大きな収穫だったでしょうか。

市　世の中にこんな仕事があったのかというのがいちばんの驚きであり、収穫です。

―実際、どういう会社の何を見てびっくりしたとかはありますか。

市 管理が不十分な会社だったり、資金面で苦しい会社の中身を見ることがあります。一方では、補助金を獲得して新事業に挑戦する会社もあり、さまざまなケースに触れるたびに驚きがあります。また、額田と一緒にお手伝いさせていただいた、大学発ベンチャー企業の立ち上げは、実際にステップアップして成長している企業の現場を横で見られるという、すごく貴重な体験だと思っています。

―企業の経営計画策定というのは一般的にコンサルタントの仕事として知られていますが、ベンチャー企業の立ち上げからコンサルタントが参加するというのは、一般の人にはたぶん知られていないと思いますね。

市 そうですね。このような仕事にも中小企業診断士が携わっているとは知らなかったですね。

―アルマ経営研究所のなかでいちばん若いですよね。

市　はい。幸運にもまだ比較的若いので、皆さんからいろんなことを吸収できる環境だと思います。ですので、今は無理に専門を一本に絞る気もなく、門戸は開いて、何でもかんでも取りあえず挑戦してみようと思っています。

―自分にとってこういう分野がおもしろそうだなというのはありますか。

市　あえて一つに絞るとすれば、それはやっぱり「(経営)改善」だと思います。事業を読み解く目というか、経験値がモノをいう世界です。決算書を読み解くというのは一つの能力になりますが、数字を追っかけていくことだけでなくて、経営をやっていく人間の考え方や事業観が育つことで、即効性はないにしても、ゆくゆくはお金を生むことにつながる。そこにおもしろみがあると感じます。

若さを武器にして

―アルマに入って激動の1年半ということでしたが、これまでの1年半でいろいろな経験をしてきたと思うんですけれど、振り返ってみてどうですか。「激動」という言葉が当てはまるくらい、いろいろ経験できましたか。

市　当てはまると思います。事業が立ち行かなく、倒産の危機に瀕している会社を訪れ、翌日には、大学に行って何億ものお金で新たな会社を作る話をします。「感情が揺さぶられる」というのではなく、日々違うことをして「激しく揺れ動く」、そういった意味での激動です。

――書店などに行くと、「コンサルタントの本」というのが結構あります。市さんのような若い世代のコンサルタントも本の中に登場してくるんですけれども、若いというのは、確かに経験が足りない部分もあるけれども、「若いがゆえに」いいところもあると思うんです。そう感じられることがありますか？

市　若いからいい部分というのは、下仕事ができることですかね。いろんなところを見て実際に経験できることが後々生きてくると思います。何か専門性があれば一つの柱をどんどん伸ばしていくのだと思いますが、未だ専門性を絞っていないので、いろいろな仕事をする中で対応力が増し、将来の強みになるのではないかと考えています。

――なるほど。前提として、アルマでこれから仕事をしていって、5年、10年と経験を積んでいったとして、今の33歳の目で、アルマはこんなふうにしたらもっとよくなるとか、もっと大きくなるとか、僕だったらもっとこんなふうにしたいなとか、そういうことを考えますか。

市　難しい質問ですね。正直、そのようなことを考えるほど、今は余裕がないですね。あえて何か挙げるとすれば、海外関連の仕事ができたらおもしろいかなと思います。地方の中小企業もどんどんアジアに進出しているので、その辺りで診断士が活躍できる場面は沢山あると思います。

―皆さん、素直にいろんな質問に答えてくれますか。面倒見の良い人が多そうですが。

市　先生方は皆さんとても優しく、教えてくださいます。それがこの会社の最大の強みだと思います。皆さんに大変感謝しています。

―アルマに来るために最低限必要な資質というものは？

市　いろいろあると思いますが、どこの会社でも求められる素直さとか、人間性ではないでしょうか。アルマは個人のスタンスを尊重します。とは言っても組織です。仕事が大変出来ても、協調性に欠けていたら、やはり難しくなってくるのではないでしょうか。経験値も低い若手は特に素直さは大事だと思います。

自分の将来を描ける場

―では市さん個人の話として、33歳でこれから結婚しようかという年齢になってきたときに、このアルマとの今のかかわりの中で、自分の未来、将来を描けますか。

市　もちろん描けます。目標とする先生方が沢山います。

―最後に、額田さんが言われたように、アルマとしては新たな力に対しては常に門戸を広げて待っています。もちろんいろんな適性などはあるけれど、一緒にやっていくコンサルタントを常に求めている。そこで、もしそういう人が周りにいるとしたら、どんな言葉をかけてあげたいと思いますか。

市　相手によってそれぞれ違うと思いますが、気の知れた人だったら、「いろいろ悩むだろうけど、とりあえ

新代表の谷（右）と市

ずやってみたら」と言うと思います。「初期投資ゼロだし、失敗したと思ったらまた道を変更すればいいんだから」と。ちょっと失敗したからって、別に大した話じゃないんです。

―まずやってみなさいと。

市 そうですね。むしろ、そこまで悩んでいるのであれば、たぶんやらなければ一生悩むことになるぞ、と言いたいですね。ベタでおもしろくないですけれど（笑）。

―やっている人から出る言葉としては重みがありますね。

これからを担う……谷行治

この章の最後を、アルマ経営研究所の代表取締役として同社をリードしていく谷行治に締めくくってもらおう。

谷は岡山市北区御津に生まれ、神奈川の大学に進学し、学生時代は貿易学科で貿易を学んだ。卒業後、地元岡山に戻り、農機具メーカーに入り、九州地区の営業担当として九州一円をくまなく回った。

2年ほど農機具メーカーに勤務した後、奥山晥税理士事務所（現あさひ合同会計）の中の別会社、オクヤマシステムに入社する。同社は、顧客会員に税務サービスだけでなく、新たに経営サービスを展開しようとしていた。平成元年のことである。

実は農機具メーカーを辞めてからは、お金がなくなるまでとりあえず遊ぼうと思い、大好きなスキーばかりしていた。

雪解けが始まるころ、就職活動をしなきゃと職安に行ったら、たまたま「経営コンサルタント募集」という貼り紙を見つけた。コンサルタントなんてわからなかったけど、カッコ良さそうだと思って受け、それで入ったのが同社だった。

「もともと最初の会社をやめる前に自分で独立してやりたいという思いはあって、オクヤマシステムも3年くらいでやめようかなと。勉強がてらという軽い考えだったんです。コンサルについては、人前でしゃべるのも苦手だし、計算ができるわけでもないし、企業経営について知っているわけでもない。ただ、レポートについては、大学の時のゼミで毎月レポート2本の課題があり、それもけっこうな枚数だったのでかなり鍛えられ、書くことが苦にならなくなった。ものをまとめるのは得意でした」

オクヤマシステムでは、多数ある異業種交流会のサポートのほか、経営支援などのコンサルティングを通じて、奥山氏から経営の薫陶を受けた。当時まだノウハウがなかったため、大手のコンサル会社のマニュアルを使っていたという。

「そのころは時代がよかったですね。バブルが弾けるまでまだ時間があった」

コンサルがおもしろいなと思ったのは、あるブティックで多店舗化をサポートした時だ。出店戦略で計画を作って出店したら、予定以上に当たった。月に一度店長を集めて営業会議をやったりと、谷は後方支援のような存在だったというが、その仕事をきっかけに「これは天職かもしれない」と思うようになる。

「それがえらい勘違いの始まりでした」と苦笑いする。

母体が税理士事務所ということもあり、お客さんは岡山市の中小企業が中心だった。より規模の大きな中堅クラスの企業への支援や、行政支援業務もやってみたい。そんな思いが募り、ちょうどバブル後で景気も悪くなったころ、タイミングがよいかと思い、独立。タニマネジメントサービスを設立した。平成8年のことだ。

以前から額田のことは知っていた。その頃、額田がアルマに参加していることを知り、じゃあ自分も行ってみようということで、独立とほぼ同時にアルマに顔を出すようになる。1年後の平成9年には、アルマの所属コンサルタントに就任した。

「アルマならいいんじゃないかな、という印象。たしか、奥山先生（税理士）と一緒に額田さんのところへお願いしますと挨拶に行ったような。独立してからもオクヤマの仕事はやらせてもらっていました。だから立ち上げはぜんぜん苦しんでないんです」

実は、当時はアルマの仕事についてはあまりよくわかってなかった。ここは自由な人が集まって自由に仕事をやっている雰囲気があり、そこに惹かれた。

「ベテランの方が多くて、当時は（原田）林長

谷行治

さんが代表にいて、みなバリバリ仕事をやっていた。いろんな情報が飛び交っていて、税理士事務所にいたサラリーマンには刺激的な場所でしたね。自由なのはいいのだけど、そのぶん自立しなければと思いました。自立ができて、はじめて自由が手に入ると」

公共事業から民間まで幅広く

谷の仕事の専門は、中小企業の経営の意思決定に関わるような、経営戦略をはじめとする経営のお手伝い全般。中小企業を相手に、業種は問わずいろんなことを手がけている。

「アルマに参加して間もないころは、新しい調査のまとめとか、報告書をつくる仕事をやりました。当時は国の予算もけっこうあって、仕事は小さいながらたくさんありました。雇用調査報告書を作成したり、活路開拓事業などの調査事業があって、コツコツやっていたように思います。公共の宿泊施設、三セクとか温泉とか遊園地の運営診断もやりました。アンケート調査をしてそれをまとめて報告書にするんです」

出てくる事例は、地元のニュースに取り上げられた話題性のあるものも多く、こんな事業にもアルマ経営研究所が関わっていたのかと驚いてしまう。

例えば――、

「県営の駐車場、あそこはもともと機械式だったんです。それを現在のような自走式にする診断に関わりました。また、有料だった県道を無料にしたりなど、いろいろなことをやりましたね。最近のものでは、県立の専修学校や、M市の温泉の運営診断などもそうです。いずれも、しっかりデータを取って分析して、根拠をつくって。だからこうでしょ、と導く仕事です」

いま谷が追われているのは、中小企業向けの国の補助金制度で、その補助金申請を支援する仕事。会社の中でプロジェクトを立ち上げ進めているが、締め切りがあるため、件数を抱えるとハードワークとなる。

経営革新計画のお手伝いや改善計画、悪くなった会社の立て直し、新規創業の支援など、さまざまな依頼が引きも切らない。自治体などが起業塾といった形で創業支援を行うケースがあり、そのサポートに関わることも仕事の特徴となっている。

勉強熱心

中小企業診断士の資格をとったのは比較的遅く、取得するまでに10年くらいかかった。最初は資格にはあまり興味がなく、また当時は一次が受かれば何度でも二次に挑戦できた。だから勉強しない。ところが、中小企業基本法が変わって「最後のチャンスですよ」と言われ、これは勉強しなければと一念発起。無事合格して、平成14年4月に登録した。

「一次に受かったのは平成6年くらいだったような。二次には暗記ものがあって、600字も書かされるんですが、それがぜんぜんできなくて。設問を読んでも何を聞かれているかわからなかったくらいです。ところが制度改正で法律問題がなくなって、実務者が有利になったんですよ。ラッキーでしたね。それでようやく」

診断士に受かったら、通常は実務研修が待っている。しかし谷は既に実務経験があったため、その証明を上長にもらえばパスできた。2週間の研修がなくなり、参加費などが浮くことになった。谷はその浮いたお金でコーチング研修を受け、認定コーチの資格を取得した。

平成17(2005)年、中小企業診断協会岡山県支部が、設立50周年記念で岡山県内の経営革新に取り組む企業24社の成功事例をリポートした『地元企業に学ぶ経営革新』(吉備人出版)を出版した。谷はその本の執筆陣の一人でもある。

同じ頃、岡山大学の藤井大児先生から、今度MBAを始めるから来ませんかと誘われて、「おもしろそう」と、岡大で経営の勉強をやり直す。2年間、仕事をしながら大学へ。1年目は良かったが、2年目は論文を書けと言われてたいへんだったようだ。テーマは「中小企業におけるターンアラウンド戦略」。2つの中小企業を事例にまとめた論文だ。

「V字回復を果たした大企業の日産自動車と比較しました。中小企業は、やろうと思っても経営資源が少ないので時間がかかり、なかなか変革できないんですね」

この論文は「中小企業におけるターンアラウンド戦略～V字回復に向けて～」というタイトルで、２００６年岡山大学経済学会誌に発表した。

「Y木工はずっと下請けをしていたけど、自分たちでつくって売りたいとなって変化した。家具は小売りが力をもっているので、そういうところの下請けをやっても、儲けさせてもらえなかったわけです。いまでは直営店を十数店舗も経営しています。すごいですよ、社長の息子たちががんばっていて。ここは取材に行っただけで、仕事としてはやっていませんが。

もう一つのS社は珍しいケースです。むかしは電器屋さんで、商業施設の中のオーディオコーナーとか、地下街のレコード屋さんとかをやっていました。いまはそれらの商売をやめて、調剤薬局向けの処方箋のシステムのデータベースをつくっています。処方する薬の説明の紙に写真を貼ったのは、ここが最初らしいです。社長さんは、一太郎よりも早く日本語変換ソフトをつくったのが自慢。電器屋さんをやっていたけど、仕事が終わったあとにいろいろ開発をするのがおもしろくて、とうとうシステム制作を本業にした。ぜんぶ清算して借金して始めた新事業がうまいことといったわけです。でもまだ業界でしか名前を知られていないかな。いい会社なんです」

コンサルのおもしろさは、未来志向なところにあると谷は言う。コンサルティングとは、過去のことをぐずぐず言うのではなく、これから良くしていこうというもの。だから明るい気持ちで仕事に向かえるそうだ。

昔から、教師と税理士にはなりたくないと思っていたという谷。

「人に教えるとか自分には無理だし、人の金を計算するとか興味がないし、それよりは夢のある、未来のプランニングにおもしろさを感じています」

アルマ経営研究所のこれから

アルマ経営研究所のこれから、そして地域（地方都市）を拠点にした経営コンサルタントの目指すべき姿などについて、谷に語ってもらった。

アルマ経営研究所のような組織をいろんな地域に

今、私たちのアルマ経営研究所は、過渡期だと思います。ひとりで食える自立した人ばかりの組織に、これから自立したいという人が入ってきている。これからのやり方が難しいところです。昔は自立した人が多かったように思いますから。

独立した人による組織では、ノウハウの交換をできることがメリットとしてもっとも大きい。また、お客さんの情報とか地域情報の共有も大切です。最近はプロジェクト単位で仕事をやろうとしていますが、そのほうが楽しいですね。失敗してもみんなで反省し、痛みを分かちあえる。成功すれば複数のコンサルタントがその体験を共有し自信につながる。複数でやったほうがいいんです。ひとりで仕事をしていると、営業ができなくなってしまうんですよ。眼の前の仕事にかかりきりになるから。グループなら大きい仕事もできますし、若い人でもできるところを担当すればいいし、いろんなやり方があります。

当社の強みは金融機関とのつながりです。昔からセミナーをやっていて、そのつながりを大切にしてきたからこそ、お客さんを紹介してもらったり、いろんな話も聞かせてもらえます。この銀行とのつながりは宮本先生がずっとやってこられた分野です。

創業者の原田林長さんは、どかっと腰がすわっていて、「よっしゃよっしゃ」という感じの人物。アルマが継続して経営できたのは、景気が悪い時には林長さんが家賃を抑えてくれたり、そういう調整ができたからです。でも、その頃は経営とはいえないですよね。最近ようやく経営らしくなってきました。北方《きたがた》の事務所の時代は経営じゃなくて、夢を語り合う人が集まっていても維持できる任意組織のような感じでした。でも、現在の事務所へ越してきてからは、赤字も自分たちの負担になります。ようやく株式会社アルマ経営研究所になったんじゃないですかね。

これからの展望としては、メンバーや拠点を増やすことです。岡山に限らず、広島、香川、鳥取、兵庫など、いろんな地域でその地域を活性化するコンサルタントのチームができればいいと考えています。ですから、遠隔地域の方がアルマ経営研究所へ加入してくださるのも大歓迎で、ご当地のオフィスに「アルマ」の看板を掲げていただき、同じような組織が日本のあちこちで増殖していけばいいですね。

企業活動は大企業が目を引きますが、事業所数や従業員数からみれば、圧倒的に中小企業、小規模事業者が多いんです。彼らを支援できる組織体を数多くつくることは、中小企業にとって頼もしい社会的インフラとなるのではないでしょうか。また、行政が公的事業を展開する場合の実践支援でも、活躍の場が期待できます。

たとえ小規模であってもノウハウはお互いに融通できますし、コンサルタントもそれぞれに得意分野があるので、全国規模でネットワークをつくっていけたらいいなと願っています。海外支援が得意なメンバーが充実した場合は、日本を飛び出して海外にオフィスを開設することも考えたいですね。

アルマ経営研究所への新規加入については、経営理念に賛同し行動できることが条件となっています。ですから、資格はないけどコンサルタントになりたいという若手でも拒んだりはしません。メンバーの能力向上はその人の努力次第です。業務を通じて資格取得に励んでもらい、絶えず能力開発を行っていきます。当社としてはぜひ、現在のアルマ経営研究所が保有していない能力のある方に入ってきてもらいたいですね。そうすれば、業務の範囲が広がり、サービスの品揃えが充実します。

やりたいことがあったら口に出して

コンサルティングで大事なのは、時間を守ること、約束を守ること。相手があってのことですからね。アルマ経営研究所で仕事をするうえでは、独立していて自由であることが大きな魅力です。一方で、自立しないといけません。自立するためには、自律しないといけない。まずは自律から。

コンサルタントとして企業が抱える多様な課題に対応していくには、経営者以上に知見を深めておかなければいけません。コンサルタントには浅くても広い知識が必要で、ずっと勉強していかなければならない仕事なんです。最近の若い方は新聞も読まずにネットで情報収集しているそうですが、２紙程度は毎朝目を通してもらいたいですね。

コンサルタントの像は各自で違うと思いますが、個人的には平凡な人間でありたいと願っています。家族を持ち、家を買い、車を買い、借金もして、遊びに出かけ、年寄りと同居し、子どもたちの教育で悩み、地域の活動にも参加する。そうした自分自身の生活の中で、さまざまな生活者の思考がわかればと思っています。

創業者支援でよく言うのは、『自分でやりたいことがあるなら、口に出して十回言いなさい』と。すると叶いますから。口に出して言うことで考えが整理できて、深化する。しかも、周りに知ってもらい、理解される。すると周りの応援、協力が得られる。そしてやらざるを得ない状況がやってくる。

口に十で叶うですけど、辞書を引いたら、叶うは同じことを十人が口に出して言っているという意味なんです。その十人が『協力者』です。『叶』の字は『協』という字の古い文字なのです。だから夢はなるべく人に語りましょうと。すると実際叶います。コンサルで独立というのも前々から言っていたら、そうなりましたから。夢があったら語ってください。サラリーマンなら上司にはあまり言わないほうがいいけどね（笑）。


アルマ経営研究所は節目の30年を迎え、かつては自立した個人が集う自由なイメージだったものが、今ではチームで協働して成果を出す組織に変わりつつあります。とくに高度実践型人材育成事業や補助金等の獲得支援は、「アルマ」という組織だからこそ高い成果を出せた取り組みだったと自負しています。

今後も当社の強みであるチームワークと、金融機関や支援機関とのつながりを大切に業務に取り組んでいきます。そして、岡山を拠点に西日本での展開、全国への展開、さらに海外への展開を目指して、さらにサービスの質を高め、地域に貢献していきたいと思います。

岡山ビジネスライブラリィ④

地域と企業の発展が私たちの願いです

そうか、こんな経営コンサルタント会社もあるんだ

2015年12月25日　発行

編著者　アルマ経営研究所
構成・編集　山川隆之（吉備人）
発　行　吉備人出版
〒700-0823 岡山市北区丸の内2丁目11-22
電話 086-235-3456　ファクス 086-234-3210
ウェブサイト　http：//www.kibito.co.jp
Eメール　books@kibito.co.jp
印　刷　サンコー印刷株式会社
製　本　日宝綜合製本株式会社

ISBN978-4-86069-446-3 C0034